随筆

「人間革命」光あれ

池田大作

聖教新聞社

池田大作先生と香峯子夫人

まえがき

「日月《にちがつ》の光明《こうみょう》の能《よ》く諸《もろもろ》の幽冥《ゆうみょう》を除《のぞ》くが如《ごと》く斯《こ》の人世間《せけん》に行《ぎょう》じて能く衆生《しゅじょう》の闇《やみ》を滅《めっ》す」（御書九〇三㌻）

「地涌《じゆ》の菩薩《ぼさつ》」の姿《すがた》が明《あ》かされた法華経如来神力品《にょらいじんりきほん》の一節《いっせつ》である。

日蓮大聖人は、この「文《もん》の心」を御自身に即《そく》して仰《おお》せになられた。

「斯《し》人行《にんぎょう》世《せ》間《けん》の五《いつ》の文字《もじ》は上行《じょうぎょう》菩薩《ぼさつ》・末法《まっぽう》の始《はじめ》の五百年に出現《しゅつげん》して南無妙法蓮華経の五字の光明《こうみょう》をさし《指》いだ《出》して無明煩悩《むみょうぼんのう》の闇《やみ》をてらすべしと云《い》う事《こと》なり」（同㌻）

大難《だいなん》を越《こ》えて妙法《みょうほう》五字の光明《こうみょう》を末法《まっぽう》に掲《かか》げられた大聖人に直結《ちょっけつ》して、今、激浪《げきろう》の現実《げんじつ》の中で民衆《みんしゅう》の苦悩《くのう》の闇《やみ》を晴《は》らしゆく存在《そんざい》は誰《だれ》か。

「世間《せけん》に行《ぎょう》ずる」その人こそ、創価学会員なりと、恩師《おんし》・戸田城聖《じょうせい》先生と誇《ほこ》らかに語り合ったことが蘇《よみがえ》る。この光明とは地涌《じゆ》の使命《しめい》と力《ちから》に目覚《めざ》めた「人間革命の光《ひかり》」に他《ほか》ならない。

戸田先生は一九五一年、第二代会長就任《だいにだいかいちょうしゅうにん》に先だって、聖教新聞を創刊《そうかん》し、小説『人間革命』の連載《れんさい》を開始された。さらに民衆《みんしゅう》の大地から地涌《じゆ》の菩薩《ぼさつ》を一人《ひとり》ひとり呼《よ》び出《いだ》されて、「人間革命の光《ひかり》」を赫々《かっかく》と放《はな》っていかれたのである。

それから四半世紀《しはんせいき》を刻《きざ》む一九七六年、私は友の協力を得《え》ながら、新《あら》たな〝学会歌《がっかいか》〟の作詞作曲《さくしさっきょく》に取り組んだ。タイトルは「人間革命の歌」である。

いわゆる第一次宗門事件《だいいちじしゅうもんじけん》が兆《きざ》し、同志を苦《くる》しめる忘恩背信《ぼうおんはいしん》の誹謗《ひぼう》中傷《ちゅうしょう》が吹《ふ》き荒《あ》れ始めた時期《じき》だ。紛然《ふんぜん》と競《きそ》い起《お》こる三障四魔《さんしょうしま》にも揺《ゆ》るがぬ我《われ》らの原点《げんてん》を、「人間革命の歌」に留《とど》めたのである。

一、君も立て　我《われ》も立つ
広布《こうふ》の天地《てんち》に　一人《ひとり》立て
正義と勇気の　旗高《はたたか》く　旗高く
創価桜《そうかざくら》の　道《みち》ひらけ

一番に込《こ》めた魂《たましい》は、「一人《ひとり》立つ師子王《ししおう》の心」である。

日蓮大聖人は、命《いのち》に及《およ》ぶ大難《だいなん》を勝ち越えられたのは、「一人《いちにん》なれども心のつよき故《ゆえ》なるべし」（御書一二二〇ジペー）と仰《おお》せになられた。

広宣流布《こうせんるふ》は、どこまでも仏《ほとけ》と魔《ま》との闘争だ。必ず烈風《れっぷう》がある。その「まことの時《とき》」に、大聖人に直結《ちょっけつ》する「師子王《ししおう》の心」を取り出《いだ》して、一人《ひとり》立ち、正義と勇気の旗《はた》を掲《かか》げられるか、否《いな》か。ここに、勝負《しょうぶ》がある。

恩師《おんし》は宣言《せんげん》した。「人間革命とは、人生の目的観を確立《かくりつ》して自己《じこ》完成することである」と。人間革命の「人間」とは、他《ほか》の誰《だれ》かではない。自分である。まず自分が立つ。その師子王《ししおう》の心から、元初《がんじょ》の生命《せいめい》の光《ひかり》が輝《かがや》き出《い》ずるのだ。

日本全国、全世界で、「大難来《だいなんきた》りなば強盛《ごうじょう》の信心弥弥悦《いよいよよろこ》びをなすべし」（御書一四四八ページ）と、誓願《せいがん》の天地《てんち》に一人《ひとり》立った、わが共戦《きょうせん》の父母《ちちはは》たちのことを、どうして忘《わす》れられようか。

二、君も征《ゆ》け　我《われ》も征く
吹雪《ふぶき》に胸《むね》はり　いざや征け
地よりか涌《わ》きたる　我なれば　我なれば
この世《よ》で果《は》たさん　使命《しめい》あり

二番には、「地涌《じゆ》の使命《しめい》の自覚《じかく》」という心を託《たく》した。

諸法実相抄《しょほうじっそうしょう》には明言《めいげん》されている。

「末法《まっぽう》にして妙法蓮華経《みょうほうれんげきょう》の五字《ごじ》を弘《ひろ》めん者は男女《なんにょ》はきらふべからず、皆地涌《みなじゆ》の菩薩《ぼさつ》の出現《しゅつげん》に非《あら》ずんば唱《とな》へがたき題目《だいもく》なり」（御書一三六〇ページ）

まさしく恩師《おんし》は、吹雪《ふぶき》の如《ごと》き法難《ほうなん》の獄中《ごくちゅう》で体得《たいとく》された「われ地涌《じゆ》の菩薩《ぼさつ》なり」との自覚《じかく》を、等《ひと》しく弟子《でし》一同《いちどう》にもたらしてくださった。

この自覚《じかく》に立って、自行化他《じぎょうけた》の題目《だいもく》を唱《とな》え弘《ひろ》めゆく中で、一人《ひと》ひとりが無限《むげん》の光《ひかり》を帯《お》びた地涌《じゆ》の菩薩《ぼさつ》として蘇生《そせい》する。友を思う真剣《しんけん》な祈《いの》り、そして、そこからほとばしる真心と情熱《じょうねつ》の言葉は、必ず必ず、相手の心に光を灯《とも》していくのである。

地涌《じゆ》の使命《しめい》に目覚《めざ》めることは、縁《えん》する人《ひと》を久遠《くおん》からの眷属《けんぞく》として大切に慈《いつく》しみ包《つつ》みゆく境地《きょうち》でもある。その時《とき》、人間革命は「人の間《あいだ》」の革命、つまり生命《せいめい》の深《ふか》き宿縁《しゅくえん》の次元《じげん》から「人間関係」や「人と人のつながり」をより良《よ》く変革《へんかく》する力《ちから》となる。それは一念三千《いちねんさんぜん》の法理《ほうり》のままに、家庭や職場、地域《ちいき》を変《か》え、やがて世界をも変革していく光源《こうげん》となるのだ。

三、君も見よ　我《われ》も見る
遙《はる》かな虹《にじ》の　晴《は》れやかな
陽《ひ》出《い》ずる世紀《せいき》は　凜々《りり》しくも　凜々しくも
人間革命　光《ひかり》あれ

そして三番は、「絶対《ぜったい》勝利の信心」である。戸田先生は言われた。

「われわれは、人間革命、宗教《しゅうきょう》革命によってこそ、ほんとうの幸《こう》福《ふく》をつかみ、平和な社会を建設《けんせつ》することができるのである」

まさに、「目に見える」形《かたち》で幸福《こうふく》勝利の実証《じっしょう》を示《しめ》しつつ、社会を赫々《かっかく》と照《て》らしていく。ここに太陽の仏法の醍醐味《だいごみ》がある。

戦後《せんご》の荒野《こうや》に一人《ひとり》立った恩師《おんし》は、三類《さんるい》の強敵《ごうてき》との戦いを勝ち切《き》られ、仰《あお》ぎ見る七十五万世帯《せたい》の民衆城《みんしゅうじょう》として、自《みず》らの願業《がんぎょう》を目に見える形《かたち》で成《な》し遂《と》げられた。

この師弟《してい》の誉《ほま》れの大道《だいどう》に連《つら》なり「絶対《ぜったい》勝利の信心」を貫《つらぬ》く誇《ほこ》りと喜《よろこ》びを、皆《みな》がつかみとってほしい。「人間革命の歌」が、全《すべ》て「君」と「我《われ》」という呼《よ》びかけで始まる理由《りゆう》も、ここにある。

今、「新・人間革命」世代《せだい》である後継《こうけい》の若人《わこうど》たちが世界中で、この創価桜《そうかざくら》の道に勇《いさ》んで続《つづ》いてくれている。何《なん》と嬉《うれ》しく頼《たの》もしいことか。

御義口伝《おんぎくでん》には「桜梅桃李《おうばいとうり》の己己《ここ》の当体《とうたい》を改《あらた》めずして無作三身《むささんじん》と開見《かいけん》すれば」（御書七八四ジペー）と明《あ》かされている。

若き地涌《じゆ》の世界市民が桜梅桃李《おうばいとうり》の連帯《れんたい》を組んで、多彩《たさい》な生命を自《じ》体顕照《たいけんしょう》しながら、いかなる嵐《あらし》も越えて、地球民族の明日へ平和・文《ぶん》化《か》・教育の凱歌《がいか》の虹《にじ》をかけてくれることを、私は確信《かくしん》してやまないのだ。

「世界の諸宗教《しょしゅうきょう》は、SGIの人間革命の実践《じっせん》、平和への献身《けんしん》を模《も》範《はん》とするべきです。一人一人《ひとり》が不正《ふせい》の鉄鎖《てっさ》を断ち切り、人類家族の一員となっていくSGIの運動《うんどう》に連《つら》なるべきです」とは、アメリカ公民権《こうみんけん》運動の指導者《しどうしゃ》ジェームズ・ローソン博士の言葉である。

創価の「人間革命」運動《うんどう》は、世界の識者《しきしゃ》にも深《ふか》い共感《きょうかん》を広げている。

「一人《ひとり》」の偉大《いだい》な人間革命が、やがて「一国《いっこく》」そして「全人類」の宿命《しゅくめい》の転換《てんかん》をも可能《かのう》にする。私はあらためて、誰《だれ》もがこの希望光《ひか》るドラマの主人公《しゅじんこう》なのだと叫《さけ》びたい。

二〇一八年九月八日、小説『新・人間革命』の完結《かんけつ》を前に、私は人間革命という師弟共戦《していきょうせん》の大叙事詩《だいじょじし》に終わりはないとして、エッセーに書き記《しる》した。「人間革命　光《ひかり》あれ」と。

翌《よく》二〇一九年から聖教新聞紙上で折々《おりおり》に発表してきたのが、本書のタイトルでもある「随筆『人間革命』光《ひかり》あれ」である。

明年で出版百六十年となる、文豪《ぶんごう》ビクトル・ユゴーの名作《めいさく》『レ・ミゼラブル』に忘《わす》れ得《え》ぬ一節《いっせつ》がある。

「果敢!」[1]——この勇気こそ、人類を前進させる一つの「光《ひかり》」であると。

我《われ》ら創価の師弟《してい》は、いよいよ果敢《かかん》に「人間革命の光《ひかり》」を放《はな》ちながら、いかなる「衆生《しゅじょう》の闇《やみ》」も滅《めっ》していこうではないか！

結《むす》びに、編集・出版の労をとってくださった全《すべ》ての関係者の皆様《みなさま》方《がた》に、心より感謝《かんしゃ》するものである。

二〇二一年九月八日

著者

（1）ユゴー著『レ・ミゼラブル』2、豊島与志雄訳、岩波書店

目次

目　次　12

希望の光

装幀　中山聖雨

一、本書は、聖教新聞に掲載された「随筆　永遠なれ創価の大城」、「随筆『人間革命』光あれ」から十七編を選び、著者の了解を得て、収録したものです。

一、冒頭の年月日は、掲載日を記しました。なお、肩書、名称、時節等については、掲載時のままにしました。

一、御書の引用は、『新編　日蓮大聖人御書全集』（創価学会版、第二七八刷）を（御書○○㌻）、法華経の引用は、『妙法蓮華経並開結』（創価学会版、第二刷）を（法華経○○㌻）と表記しました。御書の御文の表記は、現代かなづかい等に改めたものもあります。

一、引用および参照した箇所には、（　）内に番号を付し、各編の末尾にその書籍名等を示しました。

一、引用文のなかで、読みやすくするために、新字体・現代かなづかい等に改めたものもあります。

一、本文中の写真は、著者が折々に撮影したものです。

――編集部

誓願の光

新時代《しんじだい》の黎明《れいめい》

勇気で挑《いど》め 困難《こんなん》に屈《くっ》するな！

二〇一九年二月四日

「光明《こうみょう》は人を輝《かがや》かす」(1)と、文豪《ぶんごう》ビクトル・ユゴーは叫《さけ》んだ。

世界的な傑作《けっさく》『レ・ミゼラブル』では、人を健《すこ》やかに、幸せにする光明《こうみょう》が希求《ききゅう》されている。

世《よ》の悲惨《ひさん》に打《う》ちひしがれた民衆《みんしゅう》のために！

苦悩《くのう》の闇《やみ》に追《お》いやられた若人《わこうど》のために！

ユゴーは、人間を進歩《しんぽ》させる原動力《げんどうりょく》に、「あえてなす」(1)ことを挙《あ》げた。

正義《せいぎ》と人道《じんどう》の行動《こうどう》に打《う》って出る勇気が、生命《せいめい》を光輝《こうき》あらしめるのだ。

法華経には、「地涌《じゆ》の菩薩《ぼさつ》」は「無量《むりょう》の光明《こうみょう》あり」（法華経四五二ジペー）と、その輝《かがや》く姿《すがた》が讃《たた》えられている。

翻《ひるがえ》って、地涌《じゆ》の光明《こうみょう》は、今いずこにあるのか。

それは、御本仏《ごほんぶつ》・日蓮大聖人の仰《おお》せの通《とお》り、広宣流布《こうせんるふ》のため、立正安国《りっしょうあんこく》のため、たゆみなく勇猛精進《ゆうみょうしょうじん》する、創価の民衆《みんしゅう》にこそあるのだと、私たちは高らかに宣言《せんげん》したい。

執筆《しっぴつ》二十五年に及《およ》んだ小説『新・人間革命』が完結《かんけつ》して迎《むか》えた一年――いよいよ、わが宝友《ほうゆう》一人《ひとり》ひとりが自《みずか》らの人生の上に、偉大《いだい》な「人間革命」の実証《じっしょう》を示《しめ》しゆく時だ。

創価の世界市民の連帯《れんたい》が地球社会を包《つつ》み始めた今、この欄《らん》も「随筆《ずいひつ》『人間革命』光《ひかり》あれ」として、綴《つづ》っていきたい。

＊

大阪

我《われ》らが実践《じっせん》する日蓮仏法は、まさしく「太陽の仏法」である。

その正義《せいぎ》を、創価の父《ちち》・牧口常三郎《つねさぶろう》先生は、法難《ほうなん》の獄中《ごくちゅう》にあっても、堂々《どうどう》と主張《しゅちょう》されていた。

当時の訊問調書《じんもんちょうしょ》を繙《ひもと》くと、牧口先生は、法華経神力品《じんりきほん》の一節《いっせつ》を引《ひ》かれている。

「日月《にちがつ》の光明《こうみょう》の　能《よ》く諸《もろもろ》の幽冥《ゆみょう》を除《のぞ》くが如《ごと》く　斯《こ》の人は世間《せけん》に行《ぎょう》じて能く衆生《しゅじょう》の闇《やみ》を滅《めっ》し」（法華経五七五ジペー）

そして、大聖人こそ、全世界の人類を即身成仏《そくしんじょうぶつ》へ導《みちび》く大導師《だいどうし》であられると明言《めいげん》されたのである。

軍部政府《ぐんぶせいふ》の圧迫《あっぱく》を恐《おそ》れた宗門《しゅうもん》が、御書の「日蓮は一閻浮提第一《いちえんぶだい》の聖人《しょうにん》なり」（九七四ジペー）などの要文《ようもん》を削除《さくじょ》した所業《しょぎょう》とは、あまりに対照的《たいしょうてき》であった。

日蓮仏法の真髄《しんずい》の光《ひかり》は、まぎれもなく創価の「師子王《ししおう》の心」によって厳《げん》護《ご》され、継承《けいしょう》されてきた誇《ほこ》りを忘《わす》れまい。

牧口先生が身読《しんどく》された神力品《じんりきほん》の経文《きょうもん》には「世間《せけん》に行《ぎょう》じて」とある。この通りの実践《じっせん》こそ、まさに学会活動なのだ。世間《せけん》を離《はな》れてしまえば、悪口罵詈《あっくめり》されることも、煩《わずら》わしい苦労もない。しかし我《われ》らは、久遠元初《くおんがんじょ》からの地涌《じゆ》の誓願《せいがん》のままに、あえて試練《しれん》の国土《こくど》に躍《おど》り出《で》て、民衆《みんしゅう》の苦悩《くのう》の闇《やみ》、時代《じだい》の闇、社会の闇を打《う》ち破《やぶ》っていくのだ。

今、日本全国、全世界で、創価家族が「柔和忍辱《にゅうわにんにく》の衣《ころも》」を着《き》て、勇敢《ゆうかん》に誠実《せいじつ》に大仏法を「世間《せけん》に行《ぎょう》じて」いる英姿《えいし》の光明《こうみょう》を、御本仏《ごほんぶつ》がどれほど讃《さん》嘆《たん》され、また牧口先生が喜《よろこ》んで見つめておられることか。

＊

日蓮大聖人の聖誕《せいたん》の月にして、戸田城聖《じょうせい》先生の誕生《たんじょう》の月である二月を、「報恩《ほうおん》の拡大《かくだい》」で飾《かざ》ろうと、六十七年前（一九五二年）、私は、蒲田《かまた》支部の若《わか》き支部幹事《かんじ》として行動《こうどう》を起《お》こした。

当時の組織《そしき》の最小単位《さいしょうたんい》である「組《くみ》」（現在のブロック）を基盤《きばん》に、異体同心《いたいどうしん》で邁進《まいしん》し、それまでの壁《かべ》を破《やぶ》る弘教《ぐきょう》で、広宣流布《こうせんるふ》の突破口《とっぱこう》を開いた。

その際《さい》、「祈《いの》りから始める」「体験《たいけん》を語る」との指針《ししん》と共に、私は「近隣《きんりん》を大切にしよう」と訴《うった》えた。

これが「伝統《でんとう》の二月」の淵源《えんげん》である。

特別《とくべつ》な作戦《さくせん》などない。要《よう》は、一人《ひとり》ひとりが、自分のいる場所で、自分の身近《みぢか》な縁《えん》に目を向けて、そこから、勇気の対話の一歩を踏《ふ》み出《だ》すことだ。

ここで戦うと腹《はら》を決めれば、会う人、縁《えん》する人に向き合う一念《いちねん》が変わる。自分の祈《いの》りが深《ふか》まれば相手《あいて》も環境《かんきょう》も変わる。それを避《さ》けていたら、いつまでも、自分の「本国土《ほんこくど》」とはならないのだ。

一番足元《あしもと》の近隣《きんりん》・地域《ちいき》の人びとを眷属《けんぞく》と慈《いつく》しみ、妙法《みょうほう》の光《ひかり》で楽土《らくど》へ照《て》らしていくことが、立正安国《りっしょうあんこく》の大道《だいどう》なのである。

大聖人は、大難《だいなん》に挑《いど》まれている新潟《にいがた》・佐渡《さど》で、悠然《ゆうぜん》と言い放《はな》たれた。

「我等《われら》が如《ごと》く悦《よろこ》び身に余《あま》りたる者よも・あらじ、されば我等が居住《きょじゅう》して一乗《いちじょう》を修行《しゅぎょう》せんの処《ところ》は何《いず》れの処にても候《そうら》へ常寂光《じょうじゃっこう》の都《みやこ》為《た》るべし」（御書一三四三ﾍﾟｰｼﾞ）

ともあれ、悩《なや》みのない人生がないように、何の課題《かだい》もない地域《ちいき》など、どこにもあるまい。それでも、わが郷土《きょうど》を、御書の御指南《ごしなん》の通りに「よきところ・よきところ」（御書一一八三ﾍﾟｰｼﾞ）と一念《いちねん》を定《さだ》め、皆《みな》で知恵《ちえ》を出し、育《はぐく》んでいくのだ。

その快活《かいかつ》な挑戦《ちょうせん》を続《つづ》ける中で、事実《じじつ》の上でも、必ずや「三変土田《さんぺんどでん》」して、「よきところ」へ転換《てんかん》していけるのである。

「二月闘争《とうそう》」等で駆《か》け巡《めぐ》った東京の大田《おおた》や神奈川《かながわ》の川崎《かわさき》、また鶴見《つるみ》をはじめ共戦《きょうせん》の天地《てんち》も隆々《りゅうりゅう》と栄《さか》え光《ひか》っていることを、私は妻《つま》と嬉《うれ》しく伺《うかが》い、縁《えにし》の友に題目《だいもく》を送っている。

＊

本年（二〇一九年）、我《われ》らは「創立《そうりつ》九十周年《しゅうねん》へ　創価勝利の年」と掲《かか》げて出発した。

このように〝一年間のテーマ〟を決めるようになったのは、六十年前の一九五九年からだ。

戸田先生が逝去《せいきょ》されて初めて迎《むか》える新年を「黎明《れいめい》の年」にと、私が発案《はつあん》したのである。

「黎明《れいめい》」とは、暗《あん》から明《めい》に転《てん》ずる「夜明《よあ》け」のことである。

当時、総務《そうむ》の役職《やくしょく》とともに、青年部の室長《しつちょう》も兼務《けんむ》していた私は、「青年の力《ちから》」によって、この一年を創価の黎明《れいめい》とするのだと誓《ちか》い、祈《いの》った。

さあ、広布拡大《こうふかくだい》の最前線《さいぜんせん》へ！　まだ訪《おとず》れていない地域《ちいき》へ！　会えていない友のもとへ！

私は、先陣切《せんじんき》って動きに動いた。「幹部が率先《そっせん》して一番困難《こんなん》な所《ところ》にあたるのだ。法華経は冬の信心ではないか」と呼《よ》び掛《か》けて、私自身が真《ま》っ先《さき》に、厳寒《げんかん》の北海道《ほっかいどう》へと向かった。

一月十五日には小樽《おたる》に第一歩を印《しる》すと、旭川《あさひかわ》、夕張《ゆうばり》、そして札幌《さっぽろ》へと、北の大地を駆《か》け、同志の中へ飛《と》び込《こ》んでいった。恩師《おんし》の故郷《こきょう》で、北国《きたぐに》の友の辛労《しんろう》を偲《しの》びつつ、希望の灯火《ともしび》を掲《かか》げたのだ。

二月一日には、関西《かんさい》へ。続《つづ》いて四国《しこく》に渡《わた》り、香川《かがわ》、高知《こうち》を回《まわ》った。一旦《いったん》帰京《ききょう》し、中旬《ちゅうじゅん》に中部《ちゅうぶ》の名古屋《なごや》、再《ふたた》び大阪《おおさか》。大阪事件《じけん》の公判《こうはん》の合間《あいま》を縫《ぬ》って、懸命《けんめい》に友の激励《げきれい》を重ねた。

三月に入ると、茨城《いばらき》の日立《ひたち》、水戸《みと》を歴訪《れきほう》し、次《つ》いで埼玉《さいたま》の大宮《おおみや》へ。

「日蓮が一類《いちるい》は異体同心《いたいどうしん》なれば人人すくなく候《そうら》へども大事《だいじ》を成《じょう》じて・一《いち》定《じょう》法華経ひろまりなんと覚《おぼ》へ候《そうろう》、悪は多けれども一善《いちぜん》にかつ事《こと》なし」(御書一四六三ジペー)

行く所《ところ》、向かう所、御聖訓《ごせいくん》を拝《はい》し、異体同心《いたいどうしん》の団結こそ勝利の要諦《ようてい》なり、と約《やく》し合ったのである。

下旬《げじゅん》にも、愛知《あいち》、滋賀《しが》、福井《ふくい》、京都《きょうと》、岐阜《ぎふ》へと転戦《てんせん》し、御書を拝《はい》しては対話を続《つづ》けた。一瞬《いっしゅん》の機会も逃《のが》さず、真剣《しんけん》な個人指導《こじんしどう》に徹《てっ》した。

皆《みな》、悩《なや》みを抱《かか》え、健気《けなげ》に悪戦苦闘《あくせんくとう》していた。その胸奥《きょうおう》に、御書と恩師《おんし》の指導《しどう》を通《とお》して、勇気と希望という確《たし》かな黎明《れいめい》の光《ひかり》を灯《とも》していったのだ。

御聖訓《ごせいくん》には、「百千万年くらき《闇》所《ところ》にも燈《ともしび》を入れぬればあかく《明》なる」（御書一四〇三㌻）という譬《たと》えがある。

声も惜《お》しまず、勇気凛々《りんりん》と語った分《ぶん》、内外《ないがい》を問《と》わず、仏縁《ぶつえん》を結《むす》び、友の心を明《あか》るく照《て》らし、温めることができるのだ。

六十年の時は巡《めぐ》り、青年部の中核《ちゅうかく》たる創価班《はん》、牙城会《がじょうかい》、白蓮《びゃくれん》グループにも「新時代《しんじだい》一期生《きせい》」が誕生《たんじょう》し、新《あら》たな黎明《れいめい》を告《つ》げる活躍《かつやく》を開始している。

各地の〝青年室長《しつちょう》〟との深《ふか》い自覚《じかく》で、励《はげ》ましを広げ、人材の育成《いくせい》と拡大《かくだい》に当《あ》たってくれている男女青年部のリーダーたちを讃《たた》え、労《ねぎら》いたい。

*

人間主義《しゅぎ》の言論紙《げんろんし》たる聖教新聞は通算《つうさん》二万号《ごう》の金字塔《きんじとう》を打《う》ち立《た》てた。ともに、この一月、通信員制度《つうしんいんせいど》が発足《ほっそく》してから六十五周年《しゅうねん》の節《ふし》を刻《きざ》んだ。地域《ちいき》の最前線《さいぜんせん》で創価の民衆《みんしゅう》運動を記録《きろく》し、宣揚《せんよう》しゆく尊《とうと》い献身《けんしん》にあらためて感謝申《かんしゃもう》し上《あ》げたい。

通信員《つうしんいん》の方々《かたがた》が撮影《さつえい》した写真のページ「郷土《きょうど》アイ」に、先日、懐《なつ》かしい新潟《にいがた》の瓢湖《ひょうこ》に飛来《ひらい》した白鳥《はくちょう》が紹介《しょうかい》されていた。

写真では、「いざ、羽《は》ばたかん！」とばかりに、大きく翼《つばさ》を広げた一羽《いちわ》の姿《すがた》が印象的《いんしょうてき》であった。

御書には、白鳥《はくちょう》の声を聞いて嘶《いなな》く白馬《はくば》の声によって威光勢力《いこうせいりょく》を増《ま》すという輪陀王《りんだおう》の故事《こじ》を通《とお》し、「白馬は日蓮なり・白鳥は我《われ》らが一門《いちもん》なり・

白馬のなくは我等《われら》が南無妙法蓮華経のこえなり」（御書一〇六五ジペー）と仰《おお》せである。

題目《だいもく》の声を響《ひび》かせるところ、梵天帝釈《ぼんてんたいしゃく》をはじめ諸天《しょてん》も光《ひかり》を盛《さか》んにして、我《われ》らを守《しゅ》護《ご》しないわけがないと、ご断言《だんげん》である。

どんな逆境《ぎゃっきょう》に臨《のぞ》んでも我《われ》らには題目《だいもく》がある。

全同志が「自他彼此《じたひし》の心なく」（御書一三三七ジペー）と題目《だいもく》を唱《とな》えゆく恐《おそ》れなき前進に、諸天《しょてん》の旗《はた》も色冴《いろさ》えて、「人間革命」そして「立正安国《りっしょうあんこく》」の大《たい》光《こう》はいやましていくのだ。

*

「語る者よ、語りつづけよ、歌う者よ、歌いつづけよ」(2)と、アメリカの大詩人《だいしじん》ホイットマンは、力強《ちからづよ》く呼《よ》び掛《か》けた。

粘《ねば》り強《づよ》く発《はっ》し続《つづ》ける青年の声、民衆《みんしゅう》の声、連帯《れんたい》の声にこそ、世界を変えていく力《ちから》がある。

「声は力《ちから》」である。

「声は光《ひかり》」である。

いよいよ「声仏事《ぶつじ》を為《な》す」（御書七〇八ページ）と、大確信《だいかくしん》の師子吼《ししく》を轟《とどろ》かせながら、「創価勝利の年」を輝《かがや》き光《ひか》らせていこうではないか！

（1）ユゴー著『レ・ミゼラブル』2、豊島与志雄訳、岩波書店
（2）ホイットマン著『草の葉』中、酒本雅之訳、岩波書店

青葉《あおば》輝《かがや》く勝利の道

「最後は勝つ」が人生の醍醐味《だいごみ》

二〇一九年五月十九日

学会家族には、いつも明《あか》るく弾《はず》む歌声《うたごえ》がある。

五月三日を祝賀《しゅくが》する本部幹部会では、未来部の友が「母《はは》」と「正義《せいぎ》の走《そう》者《しゃ》」の美事《みごと》な合唱を披露《ひろう》してくれた。全国の同志から感動の反響《はんきょう》が、私の元《もと》にも多く届《とど》いている。

後継《こうけい》の若《わか》く尊《とうと》き宝樹《ほうじゅ》が「従藍而青《じゅうらんにしょう》」の冴《さ》え光《ひか》る命《いのち》で、大成長《だいせいちょう》の青葉若葉《あおばわかば》を茂《しげ》らせてくれており、なんと嬉《うれ》しいことか！

ふと、芭蕉《ばしょう》の名句《めいく》が思い浮《う》かぶ。

「あらたふと　青葉若葉《あおばわかば》の　日《ひ》の光《ひかり》」(1)

江戸時代《えどじだい》、千住《せんじゅ》(今の足立区《あだちく》・荒川区《あらかわく》を結《むす》ぶ地域《ちいき》)を旅立《たびだ》った芭蕉《ばしょう》が、草加《そうか》を経《へ》て東北《とうほく》へ向かう途上《とじょう》、日光《にっこう》で詠《よ》んだ句《く》だ。元禄《げんろく》二年(一六八九年)、ちょうど三百三十年前のその日は、太陽暦《れき》で五月十九日であった。

今年もこの季節《きせつ》に、「うつくしまフェニックスグループ」の宝友《ほうゆう》たちが総本部へ集《つど》ってくれた。原発事故《げんぱつじこ》等の影響《えいきょう》で福島県内外《ふくしまけんないがい》に避難《ひなん》された方々《かたがた》が、いずこにあっても「負《ま》げでたまっか!」と励《はげ》まし合い、不死鳥《フェニックス》の心で希望と福徳《ふくとく》の輝《かがや》きを放《はな》たれている。

笑《わら》いあり涙《なみだ》ありの大会では、東北《とうほく》の歌「青葉《あおば》の誓《ちか》い」を大合唱されたことも、胸《むね》に熱《あつ》く伺《うかが》った。

*

二十五年前の五月、私は青葉光《あおばひか》るモスクワにいた。モスクワ大学では二度目の講演《こうえん》を行《おこな》った後《あと》、サドーヴニチィ総長《そうちょう》にご案内《あんない》いただき、構内《こうない》の植《しょく》物園《ぶつえん》で「白樺《しらかば》」の苗木《なえぎ》を植樹《しょくじゅ》した思い出が蘇《よみがえ》る。

妻《つま》は「日本の〝白樺《しらかば》〟（看護者《かんごしゃ》の集《つど》い）の皆さんも喜《よろこ》んでくださいますね」と微笑《ほほえ》んでいた。

四半世紀《はんせいき》の歳月《さいげつ》を重ね、白樺《しらかば》の若木《わかぎ》は見上げるように大きく育った。総《そう》長《ちょう》は、モスクワ大学の卒業式でも、この〝友情の大樹《たいじゅ》〟のことを紹介《しょうかい》してくださったそうだ。

大地に深《ふか》く、広く根《ね》を張《は》った大樹《たいじゅ》は強《つよ》い。その木と木が森をなすように、未来を開く世界市民の青葉《あおば》の森を創《つく》りゆくのが、創価の平和運動だ。

とくに、青年たちに励《はげ》ましの慈光《じこう》を惜《お》しみなく贈《おく》ってくれるのが、各地の婦人部の皆様《みなさま》である。母たちの周《まわ》りには、なんと多くの温かな友情の輪《わ》、幸福の笑顔《えがお》の輪が広がっていることか。

恩師《おんし》・戸田城聖《じょうせい》先生のもとで女子部の華陽会《かようかい》が学《まな》んだ『小公子《しょうこうし》』には、

「この世《よ》に、あたたかい心ほど力《ちから》づよいものがあるでしょうか」(2)とある。

作者のバーネットは、自身の作品《さくひん》には「ハッピーエンディング」(3)を選《えら》ぶと断言《だんげん》した。なぜなら、「すべての人の人生にはじっさいに、目をみはるほどの幸福が数多くあるのですから」(3)と――。

人生の劇《げき》にどんな波乱《はらん》があろうとも、最後は必ず勝つ。皆《みな》を勝たせて、〝自他共《じたとも》にハッピーエンディング〟を飾《かざ》る。これこそ、妙法《みょうほう》の女性がヒロインとなる人間革命の舞《まい》の醍醐味《だいごみ》ではないか。

＊

私が若《わか》き日の苦闘時代《くとうじだい》を過ごしたアパートの名も「青葉荘《あおばそう》」であった。故郷《こきょう》・大田区《おおたく》の大森《おおもり》にあり、七十年前の一九四九年（昭和二十四年）五月から三年間暮《く》らした。

小さな小さな青春の城《しろ》で、私は近隣《きんりん》の方々《かたがた》と清々《すがすが》しい挨拶《あいさつ》を重ね、誠実《せいじつ》に親交《しんこう》を深《ふか》めていった。私の部屋で座談会《ざだんかい》を行《おこな》い、隣近所《となりきんじょ》にも声をかけた。やがて信心する人も生まれていった。

「二月闘争《とうそう》」の時には、「友人の折伏《しゃくぶく》にぜひ」と急《きゅう》に呼《よ》ばれ、「よし、行きましょう！」と婦人部の応援《おうえん》に勇《いさ》んで飛《と》び出《だ》したこともあった。

大阪《おおさか》支部の初代《しょだい》支部長となった白木義一郎《しらきぎいちろう》さんが青葉荘《あおばそう》に訪《たず》ねてこられたことも思い出深《ぶか》い。

プロ野球の名投手《めいとうしゅ》だった彼が、突然《とつぜん》、大阪《おおさか》の球団《きゅうだん》への移籍《いせき》を通告《つうこく》されて悩《なや》み、相談《そうだん》に来たのだ。

私は彼の話を聞きながら、一気《いっき》に広宣流布《こうせんるふ》の展望《てんぼう》が開ける思いがした。

「この大阪《おおさか》行きは御仏意《ごぶっち》だよ！　大阪に一大拠点《いちだいきょてん》を築《きず》き、関西《かんさい》、いな西日本に広布《こうふ》の大潮流《だいちょうりゅう》を起《お》こし、戸田先生の願業《がんぎょう》の七十五万世帯達成《せたいたっせい》への起《き》爆剤《ばくざい》になろう！」

師弟《してい》勝利、民衆《みんしゅう》勝利の波《なみ》を大阪《おおさか》、兵庫《ひょうご》など全関西《ぜんかんさい》、全中国《ちゅうごく》、全四国《しこく》へ、そして福岡《ふくおか》など全九州《きゅうしゅう》へ——夢《ゆめ》は尽《つ》きなかった。
世界の友が仰《あお》ぎ見る常勝大関西《じょうしょうだいかんさい》の源流《げんりゅう》も、試練《しれん》をむしろ好機《こうき》に転《てん》じゆく若《わか》き大胆《だいたん》な語らいから始まったといえようか。

*

「青葉茂《あおばしげ》れる桜井《さくらい》の」(4)——戸田先生に幾《いく》たびもお聞かせした〝大楠公《だいなんこう》〟の歌は、今の大阪《おおさか》・島本町《しまもとちょう》桜井が舞台《ぶたい》とされる。

「父《ちち》は兵庫《ひょうご》に赴《おもむ》かん」と湊川《みなとがわ》の決戦《けっせん》に臨《のぞ》む父・楠木正成《くすのきまさしげ》は、「御供仕《おんともつか》えん」と申《もう》し出《で》た長子《ちょうし》・正行《まさつら》を制《せい》した。

『太平記《たいへいき》』では、正成《まさしげ》は、獅子《しし》が敢《あ》えて子を断崖《だんがい》から突《つ》き落《お》として鍛《きた》えるという故事《こじ》を通《とお》し、正行《まさつら》を厳《きび》しく誡《いまし》める。

わが後継《こうけい》として苦難《くなん》の道を歩《あゆ》み、「早く生《お》い立《た》ち」、世《よ》のため人のために戦《たたか》えと願ったのだ。

この父子《ちちこ》の語らいは、母子《ははこ》に引《ひ》き継《つ》がれる。

父《ちち》の死《し》を悲嘆《ひたん》して後《あと》を追《お》おうとする正行《まさつら》を、母は毅然《きぜん》と叱咤《しった》した。

「父《ちち》が兵庫《ひょうご》へ向かひし時、汝《なんじ》を返し留《とど》めし事《こと》(5)」の意味《いみ》を忘《わす》れたのか——時を待ち力《ちから》を付け、やがて仇《あだ》を討《う》ち、「孝行《こうこう》の道(5)」を貫《つらぬ》くためではないかと母は諭《さと》したのである。

作家の大佛次郎《おさらぎじろう》は、この母《はは》に鋭《するど》く光《ひかり》を当《あ》てた。

「(母《はは》は)泣《な》きもせぬ。歎《なげ》きもせぬ。ただ、この子を父親《ちちおや》と同じものに引《ひき》上《あ》げる。心からの、その祈《いの》りであった(6)」と。

母《はは》の決定《けつじょう》した祈《いの》りに勝《まさ》るものはないのだ。

私は忘《わす》れない。あの「大阪《おおさか》事件」の直後《ちょくご》に、兵庫広布《ひょうごこうふ》・関西《かんさい》広布の草創《そうそう》の母《はは》が語った一言を。

「私は、一生涯《いっしょうがい》の覚悟《かくご》を新《あら》たにしました。

戦いは、絶対《ぜったい》に勝たな、あきまへん。断《だん》じて負《ま》けたらあかん!」と。

東京

この「常勝《じょうしょう》の母《はは》たち」の強《つよ》き一念《いちねん》の脈動《みゃくどう》ありて、何ものにも崩《くず》されぬ錦《きん》州城《しゅうじょう》が築《きず》かれたのだ。

どんなに悔《くや》しくとも、苦《くる》しくとも、「いまだこりず候《そうろう》」（御書一〇五六ジペー）との御聖訓《ごせいくん》のまま、恩師《おんし》から託《たく》された「立正安国《りっしょうあんこく》」即《そく》「福運安穏《ふくうんあんのん》」の大闘《だいとう》争《そう》に母たちは挑《いど》み続《つづ》けてくれている。

この不撓不屈《ふとうふくつ》の挑戦《ちょうせん》によって耕《たがや》された母なる大地から、二陣《じん》三陣と地涌《じゆ》の人華《にんげ》が育ち、「仏法即《そく》社会」の豊《ゆた》かな貢献《こうけん》の果実《かじつ》が幾重《いくえ》にももたらされているではないか。

堅塁《けんるい》・中部《ちゅうぶ》の母たちが万葉《まんよう》の緑《みどり》の中、誇《ほこ》り高く師弟《してい》の絆《きずな》を「今日《きょう》も元気で」の歌に託《たく》して歌ってくれた歴史《れきし》も鮮《あざ》やかだ。

また「生《お》い立《た》て君よ」と〝大楠公《だいなんこう》〟の心を込《こ》めた、愛唱歌《あいしょうか》「火《ひ》の国『青《あお》葉《ば》の誓《ちか》い』」を、先駆《せんく》・九州《きゅうしゅう》の若人《わこうど》と共に、長崎《ながさき》の地《ち》で作《つく》ったことも懐《なつ》かしい。

＊

青葉《あおば》の五月は、恩師《おんし》が第二代会長に就任《しゅうにん》して直《ただ》ちに学会常住《じょうじゅう》の御本尊を発願《ほつがん》された月《つき》でもある。

御本仏《ごほんぶつ》・日蓮大聖人は「大願《だいがん》とは法華弘通《ほっけぐつう》なり」（御書七三六㌻）と仰《おお》せになられ、「法華弘通のはたじるし《旌》」（御書一二四三㌻）として御本尊を御図《ごず》顕《けん》された。

この御本仏《ごほんぶつ》のお心そのものである「大法弘通慈折広宣流布大願成就《だいほうぐつうじしゃくこうせんるふだいがんじょうじゅ》」とお認《したた》めの常住《じょうじゅう》御本尊を大誓堂《だいせいどう》に御安置《ごあんち》してより六年――。全世界の地涌《じゆ》の大前進は、いよいよ威光勢力《いこうせいりょく》を増《ま》している。

「此《こ》の御本尊全《まった》く余所《よそ》に求《もと》むる事《こと》なかれ・只《ただ》我《わ》れ等衆生《らしゅじょう》の法華経を持《たも》ちて南無妙法蓮華経と唱《とな》うる胸中《きょうちゅう》の肉団《にくだん》におはしますなり」「此の御本尊も只《ただ》信心の二字にをさまれり以信得入《いしんとくにゅう》とは是《これ》なり」（御書一二四四㌻）――。

この御聖訓《ごせいくん》は、その名も日女御前《にちにょごぜん》という女性門下《もんか》に送られた。「日女」とは、まさに太陽の女性という意義《いぎ》であり、その生命《せいめい》の光彩《こうさい》は、わが「太陽の婦人部・女子部」に受け継がれている。

御本尊の無量無辺《むりょうむへん》なる大功力《だいくりき》を涌現《ゆげん》するのは、創価の女性の最《もっと》も強盛《ごうじょう》な信心である。「祈《いの》りからすべては始まる」のだ。

*

モスクワ大学の講演《こうえん》で私は「妙《みょう》の三義《さんぎ》」を敷衍《ふえん》して申《もう》し上《あ》げた。

この「妙《みょう》の三義《さんぎ》」も、女性門下《もんか》への「法華経題目抄《だいもくしょう》」で明《あ》かされた法門《ほうもん》である。すなわち——

「妙《みょう》と申《もう》す事《こと》は開《かい》と云《い》う事なり」（御書九四三ページ）

「妙《みょう》とは具《ぐ》の義《ぎ》なり具とは円満《えんまん》の義なり」（御書九四四ページ）

「妙《みょう》とは蘇生《そせい》の義《ぎ》なり蘇生と申《もう》すはよみがへる義なり」（御書九四七ページ）

あらゆる人の仏《ほとけ》の生命《せいめい》を開き、自他共《じたとも》に幸福を勝ち広げる勇気！

どんな局面《きょくめん》も聡明《そうめい》に包《つつ》み込《こ》んで、調和《ちょうわ》と和楽《わらく》を創《つく》り出《だ》す智慧《ちえ》！

いかなる宿命《しゅくめい》も使命《しめい》に転《てん》じ、喜《よろこ》びあふれる蘇生《そせい》へと導《みちび》く慈悲《じひ》！

妙法《みょうほう》の真髄《しんずい》の力《ちから》を生き生きと発揮《はっき》しながら、あの友もこの友も、あの地もこの地も、笑顔《えがお》で照《て》らし晴《は》らしゆくのが、創価の女性たちの立正安国《りっしょうあんこく》の対話ではないだろうか。

この〝婦女一体《ふじょいったい》〟の連帯《れんたい》で、栄光勝利の未来の鐘《かね》を打《う》ち鳴《な》らすのだ。

今月、アメリカ・ルネサンスの大詩人《だいしじん》ホイットマンは生誕《せいたん》二百年の日を迎《むか》える。ゆかりの地《ち》には、このほど新宝城《しんほうじょう》ブルックリン会館も誕生《たんじょう》した。

彼は恐《おそ》れなき開拓者《かいたくしゃ》を讃《たた》えた詩で叫《さけ》んだ。

「旗《はた》じるしには力《ちから》づよき母《はは》を掲《かか》げよ、
そのたおやかな女性《ひと》の姿《すがた》を振《ふ》りかざせ、万人《ばんにん》の頭上《ずじょう》に高く星《ほし》さながらに
輝《かがや》く姿を、（一同のこらず頭《こうべ》を垂《た》れよ）(7)」

創価の民衆《みんしゅう》スクラムは、尊《とうと》き母たち女性たちの旗印《はたじるし》のもと、希望の人間世紀《せいき》へ前進する。

御書には「音の哀楽《あいらく》を以《もっ》て国の盛衰《せいすい》を知《し》る」（八八ジペー）と仰《おお》せである。

我《われ》ら学会家族は、歓喜《かんき》の歌声と対話を、さらに明《あか》るく仲良く賑《にぎ》やかに響《ひび》かせながら、誓願《せいがん》の国土《こくど》に福運安穏《ふくうんあんのん》の青葉《あおば》を勝ち茂《しげ》らせようではないか！

（1）芭蕉著『おくのほそ道』杉浦正一郎校註、岩波書店。体裁は編集部で整えた
（2）バーネット著『小公子』坂崎麻子訳、偕成社
（3）同前、訳者解説から
（4）落合直文 作詞
（5）『太平記』3、兵藤裕己校注、岩波書店
（6）大佛次郎著『大楠公　楠木正成』徳間書店
（7）ホイットマン著『草の葉』中、酒本雅之訳、岩波書店

師弟《してい》の道 生命錬磨《せいめいれんま》の夏

「鉄《くろがね》は炎打《きたいう》てば剣《つるぎ》となる」

二〇一九年八月二十三日

師《し》・戸田城聖《じょうせい》先生から私は折々《おりおり》に「この御聖訓《ごせいくん》を心肝《しんかん》に染《そ》めよ」と峻厳《しゅんげん》な指導《しどう》を頂《いただ》いてきた。

その御文《ごもん》の一つが、「法華経の行者《ぎょうじゃ》は信心に退転《たいてん》無《な》く身《み》に詐親《さしん》無く・一《いっ》切《さい》法華経に其《そ》の身を任《まか》せて金言《きんげん》の如《ごと》く修行《しゅぎょう》せば、慥《たし》かに後生《ごしょう》は申《もう》すに及《およ》ばず今生《こんじょう》も息災延命《そくさいえんめい》にして勝妙《しょうみょう》の大果報《だいかほう》を得《え》・広宣流布《こうせんるふ》大願《だいがん》をも成就《じょうじゅ》す可《べ》きなり」（御書一三五七ジペー）である。

入信《にゅうしん》より七十二星霜《せいそう》、戸田先生の直弟子《じきでし》として私は、この仰《おお》せのままに走《はし》り抜《ぬ》いてきた。

不二《ふに》の同志と共々に、「世界広宣流布《こうせんるふ》」の大願成就《だいがんじょうじゅ》へ前進してきたことは、何《なに》ものにも代《か》え難《がた》い誇《ほこ》りである。

そして尊《とうと》き共戦《きょうせん》の学会家族が「息災延命《そくさいえんめい》」の福徳《ふくとく》に包《つつ》まれ、一人《ひとり》残らず「勝妙《しょうみょう》の大果報《だいかほう》」を勝ち得《え》ていくことが、変《か》わらざる祈《いの》りなのだ。

*

紺碧《こんぺき》の夏空《なつぞら》が広がった今月上旬《じょうじゅん》、埼玉《さいたま》の研修道場《けんしゅうどうじょう》へ足を運《はこ》んだ。

埼玉《さいたま》の天地《てんち》はいずこも懐《なつ》かしい。あの友この友の顔《かんばせ》が、溢《あふ》れるように浮《う》かんでくる。

埼玉《さいたま》といえば「鉄桶《てっとう》の団結」である。わが同志は、このモットーを掲《かか》げて半世紀《はんせいき》、いつも一丸《いちがん》となって正義《せいぎ》の大行進《だいこうしん》を続《つづ》けてきた。

この道場《どうじょう》で、「破邪顕正《はじゃけんせい》」の精神《せいしん》の真髄《しんずい》を語り合ったことも蘇《よみがえ》る。

研修道場《けんしゅうどうじょう》のある日高市《ひだかし》は、かつて鎌倉《かまくら》と上州《じょうしゅう》、信濃《しなの》を結《むす》ぶ街道《かいどう》が通《とお》っていた。それは、まさに、日蓮大聖人が佐渡《さど》へ向かう際《さい》に歩《ある》かれた道であり、佐渡流罪《るざい》が赦免《しゃめん》された後《あと》、堂々《どうどう》と凱旋《がいせん》された縁《えにし》の道である。

私は歴史《れきし》の街道《かいどう》の近傍《きんぼう》を北上《ほくじょう》し、長野《ながの》研修道場《けんしゅうどうじょう》も訪問《ほうもん》した。

地元《じもと》の同志の皆様《みなさま》が丹精《たんせい》された緑《みどり》や花々で美しく輝《かがや》き、「園林諸堂閣《おんりんしょどうかく》　種種宝荘厳《しゅじゅほうしょうごん》　宝樹多花菓《ほうじゅたけか》　衆生所遊楽《しゅじょうしょゆうらく》」との法華経寿量品《じゅりょうほん》の経文《きょうもん》さながらの宝城《ほうじょう》である。

日本そして世界の求道《きゅうどう》のリーダーが共に学《まな》び、語り、力《ちから》を蓄《たくわ》え、未来の栄光の因《いん》を積《つ》んできた。

生命《せいめい》の錬磨《れんま》は、我《われ》らの勝利の揺籃《ようらん》である。

道場《どうじょう》には、創価の三色旗《さんしょくき》が翩翻《へんぽん》とひるがえっている。

毎朝、掲揚《けいよう》してくれる青年役員は、掲《かか》げた旗《はた》に敬礼《けいれい》をする伝統《でんとう》がある。

誰《だれ》が見ていなくても諸天《しょてん》が見ている。神々《こうごう》しい劇《げき》を創《つく》り、師弟《してい》の勝利の旗を打《う》ち立《た》てるのだ、との心意気《こころいき》からである。

研修道場《けんしゅうどうじょう》を支《ささ》えてくださる皆様《みなさま》と挨拶《あいさつ》を交《か》わし、妻《つま》と共に深《ふか》い感謝《かんしゃ》の思いを伝えた。

この道場《どうじょう》への初訪問《はつほうもん》から四十年。青年部の時からの成長《せいちょう》と活躍《かつやく》を、ずっと見守ってきた友も多い。一緒《いっしょ》に歴史《れきし》を創《つく》ってきた陰徳陽報《いんとくようほう》の笑顔《えがお》が本当に頼《たの》もしかった。

大聖人は、心を鍛《きた》え、生命《せいめい》を鍛える大切さを、門下《もんか》に教えられた。

「きた《鍛》はぬ・かね《金》は・さかんなる火に入《い》るればとく《疾》とけ《蕩》候《そうろう》」「剣《つるぎ》なんどは大火《たいか》に入るれども暫《しば》くはとけず是《これ》きたへる故《ゆえ》なり」（御書一一六九ページ）

まさしく、宝剣《ほうけん》のごとく心を鍛《きた》え抜《ぬ》いた人間ほど強《つよ》いものはない。

「鉄《くろがね》は炎《きたい》打《う》てば剣《つるぎ》となる」（御書九五八ページ）との御聖訓通《ごせいくんどお》り、強靱《きょうじん》な生命《せいめい》を築《きず》くための仏道修行《ぶつどうしゅぎょう》であり、学会活動である。

埼玉

*

わが学会は、先師《せんし》・牧口常三郎《つねさぶろう》先生以来《いらい》、炎暑《えんしょ》の夏、各人《かくじん》が研鑽《けんさん》の汗《あせ》を流し、生命《せいめい》を鍛《きた》え、さらなる成長《せいちょう》を期《き》してきた。

戸田先生のもと、研修《けんしゅう》を重ねた水滸会《すいこかい》の定例会《ていれいかい》では、古今《ここん》の名作《めいさく》を学《まな》び合うのが常《つね》であった。

その教材《きょうざい》として英国《えいこく》の作家《さっか》デフォーの小説『ロビンソン・クルーソー』が取り上げられたことがある。船《ふね》が難破《なんぱ》して、無人島《むじんとう》に一人漂着《ひとりひょうちゃく》したロビンソンが、二十八年余にわたり懸命《けんめい》に生き抜いた冒険物語《ぼうけんものがたり》である。

今年は、この本の発刊《はっかん》から三百周年となる。

一日一日、生き延《の》びるためのロビンソンの挑戦《ちょうせん》・苦闘《くとう》と対照《たいしょう》しながら、恩師《おんし》が過酷《かこく》な自《みずか》らの獄中体験《ごくちゅうたいけん》を語ってくださったことも忘《わす》れられない。

実《じつ》はデフォー自身も、人生の辛酸《しんさん》をなめた。

時の政府《せいふ》によって獄《ごく》に囚《とら》われ、当時の刑罰《けいばつ》の一《ひと》つ、「晒《さら》し台《だい》」に三日続《つづ》けて立たされたという。

ところが彼は、その大苦境《だいくきょう》をも風刺詩《ふうしし》にして、民衆《みんしゅう》に真実《しんじつ》を伝える好機《こうき》に変えた。

「皆《みな》に伝えるがいい、彼〔デフォー〕は大胆《だいたん》すぎて、／それで本当のことを言った」(1)と訴《うった》えるこの詩《し》は、民衆《みんしゅう》の心をつかんだ。「晒《さら》し台《だい》」では石《いし》などを投《な》げつけられる代《か》わりに、何《なん》と花束《はなたば》を捧《ささ》げられたという。痛快《つうかい》な逆《ぎゃく》転劇《てんげき》である。

戸田先生は、私たちが受持《じゅじ》した大仏法は、いかなる宿命《しゅくめい》も転換《てんかん》していける人間革命の宗教《しゅうきょう》なりと力説《りきせつ》され、「青年は勇気を持《も》て」「希望を持て」と励《はげ》ましてくださった。

今、あまりに大変《たいへん》な状況下《じょうきょうか》にあって、自分では〝もうだめだ〟と思ったとしても、断《だん》じて終わりではない。苦《くる》しい経験《けいけん》も含《ふく》め、全《すべ》てに意味《いみ》があるのだ。かけがえのない宝《たから》となり、使命《しめい》へと変わる時が必ず来るのだ。

苦難《くなん》や葛藤《かっとう》があっても、絶対《ぜったい》に屈《くっ》しない負《ま》けじ魂《だましい》の信心を磨《みが》き抜《ぬ》くのが、創価の薫陶《くんとう》である。

*

八月十七日、言論《げんろん》の戦友《せんゆう》たる文芸部《ぶんげいぶ》が結成《けっせい》五十周年《しゅうねん》の佳節《かせつ》を刻《きざ》んだ。

私自身、ペンを握《にぎ》る者《もの》として一文芸部員《いちぶんげいぶいん》の自覚《じかく》で戦ってきたつもりだ。

我《われ》、生涯《しょうがい》、誉《ほま》れの文芸部員《ぶんげいぶいん》なり！

文芸部《ぶんげいぶ》には、この志《こころざし》を同じくして戦う闘士《とうし》が大勢《おおぜい》いる。九十歳を超《こ》えて、生き生きと日々の感動を綴《つづ》り、社会に正義《せいぎ》の声を放《はな》つ多宝《たほう》の友もいる。

人間の無限《むげん》の可能性《かのうせい》を、そして創価の師弟《してい》の真実《しんじつ》を、誇《ほこ》り高く表現《ひょうげん》しゆく文《ぶん》の戦士《せんし》がいる。

病気《びょうき》や障《しょう》がいにも負《ま》けず、その試練《しれん》を人間勝利の珠玉《しゅぎょく》の作品《さくひん》に昇華《しょうか》しゆく勇者《ゆうしゃ》もいる。

若《わか》き日の誓《ちか》いを胸《むね》に、不朽《ふきゅう》の創作《そうさく》をと、執念《しゅうねん》の精進《しょうじん》と挑戦《ちょうせん》を重ねる賢者《けんじゃ》もいる――。

生き抜く民衆《みんしゅう》のど真《ま》ん中で、胸《むね》を張って奮闘《ふんとう》する文芸部員《ぶんげいぶいん》が、私は大好きだ。一人《ひと》ひとりが新《あら》たな文芸復興《ふっこう》の先駆者《せんくしゃ》として、後継《こうけい》を育て、民衆凱《がい》歌《か》の旗《はた》を掲《かか》げゆかれることを期待《きたい》してやまない。

*

私の入信《にゅうしん》記念日の八月二十四日が、「聖教新聞創刊原点《そうかんげんてん》の日」であり、「壮年部の日」となっていることも、奇《く》しき宿縁《しゅくえん》である。

先日、ブラジル・アマゾンの支部長の尊《とうと》い体験《たいけん》の報告《ほうこく》を受けた。

壮年部の王城会《おうじょうかい》として会館厳護《げんご》に当たるとともに、週刊《しゅうかん》の「ブラジル・セイキョウ」の配達《はいたつ》にも奮闘《ふんとう》する。入会《にゅうかい》まもない頃《ころ》、奥様《おくさま》の〝説得《せっとく》〟で配《はい》達《たつ》を担《にな》い始めた。毎週《まいしゅう》、片道《かたみち》三十キロの道のりを自転車《じてんしゃ》で走《はし》り、熱帯地域《ねったいちいき》のスコールで新聞が濡《ぬ》れないよう特製《とくせい》のビニールに包《つつ》む工夫《くふう》をし、一軒《いっけん》一軒に届《とど》けてくれているのだ。

自転車のパンクなどにもめげず、使命《しめい》の配達《はいたつ》を貫《つらぬ》く闘魂《とうこん》が、ブラジル中に拡大《かくだい》の波動《はどう》を起《お》こしているとの喜《よろこ》びの報告《ほうこく》であった。

聖教新聞ならびに世界の姉妹紙誌《しし》を支《ささ》えてくださっている全《すべ》ての宝友《ほうゆう》に感謝《かんしゃ》は尽《つ》きない。

世界聖教会館の完成に当たり、恩師《おんし》の悲願《ひがん》の通《とお》り、日本中、世界中に、我《われ》らの聖教の光《ひかり》をいやまして広げていきたいと、強盛《ごうじょう》に祈念《きねん》している。

*

地域《ちいき》に根差《ねざ》した座談会《ざだんかい》と、世界を結《むす》ぶ聖教新聞で、私たちは生命《せいめい》の絆《きずな》を強《つよ》め、荘厳《そうごん》にして壮大《そうだい》なる人間革命の絵巻《えまき》を織《お》り成《な》していくのだ。

御年《おんとし》百七歳の〝広布《こうふ》の母《はは》〟が、ある座談会《ざだんかい》に出席された様子《ようす》を、感銘深《かんめいぶか》くお聞きした。

長野

――この人生の大先輩《だいせんぱい》が語る一言一言を、参加者は皆《みな》、耳をそばだてて聴《き》いた。話が終盤《しゅうばん》にさしかかると、青年への期待《きたい》を尋《たず》ねる声が上がった。すると、多宝《たほう》の母《はは》は、最前列《さいぜんれつ》に座《すわ》る、ひ孫《まご》ほどの女子部の乙女《おとめ》を見つめながら、ゆっくり立ち上がり、長い間《あいだ》、お辞儀《じぎ》をされたのだ。一度、二度、そして三度と――。

言葉ではない。その振《ふ》る舞《ま》いで全《すべ》てを語られていたのである。

青年には無限《むげん》の可能性《かのうせい》がある。未来を担《にな》う偉大《いだい》な力《ちから》を持っている。その尊《とうと》い生命《せいめい》を心から敬《うやま》っていくのだ。これが仏法のまなざしであり、人材育《いく》成《せい》の根本精神《こんぽんせいしん》であろう。

大聖人は、「不軽菩薩《ふきょうぼさつ》の人《ひと》を敬《うやま》いしは・いかなる事《こと》ぞ教主釈尊《きょうしゅしゃくそん》の出世《しゅっせ》の本懐《ほんかい》は人の振舞《ふるまい》にて候《そうらい》けるぞ」（御書一一七四ジペー）と仰《おお》せである。

創価の父母《ちちはは》こそ、この御指南《ごしなん》を受け継ぎ、現実《げんじつ》の上で「人を敬《うやま》う」不軽《ふきょう》の実践者《じっせんしゃ》であると、私は誇《ほこ》り高く叫《さけ》びたい。

*

今年も、創価大学で、未来部の夏季研修会《かきけんしゅうかい》が有意義《ゆういぎ》に行《おこな》われた。希望の未来を開く後継《こうけい》の友が成長《せいちょう》し、躍動《やくどう》する姿《すがた》ほど嬉《うれ》しいものはない。欧州《おうしゅう》でも、アメリカでも、異体同心《いたいどうしん》の創価の世界市民たちが教学研修会《けんしゅうかい》に勇《いさ》んで集《つど》われている。

今月末から来月にかけては、学生部の教学実力《じつりょく》試験や青年部の教学試験二級が行《おこな》われる。

さらに、雄々《おお》しき男子部の大学校生大会も、全国各地で開かれる。

「一閻浮提第一《いちえんぶだいだいいち》の御本尊《ごほんぞん》を信じさせ給《たま》へ」「行学《ぎょうがく》の二道《にどう》をはげみ候《そうろう》べし、行学たへ《絶》なば仏法はあるべからず、我《われ》もいたし人をも教化候《きょうけそうら》へ」（御書一三六一ページ）

戸田先生が十九歳の私に教えてくださった通《とお》り、ここに「正しい人生の道」があり、最高の「幸福勝利の道」がある。
この「正しい人生の道」を、朗《ほが》らかに歩《あゆ》み、一人《ひとり》また一人へ自信満々《じしんまんまん》と
伝えゆこうではないか！

我《われ》 唱《とな》え
他《た》をも勧《すすめ》ん
随喜《ずいき》して
無上《むじょう》の思出《おもいで》
青春讃歌《さんか》を

（1）塩谷清人著『ダニエル・デフォーの世界』世界思想社

創立《そうりつ》の魂《たましい》を永遠に

不退《ふたい》の「誓《ちかい》」を立てよ！

二〇二〇年十一月十六日

今、夜明《よあ》け前、東天《とうてん》に鮮烈《せんれつ》に輝《かがや》く星《ほし》がある。「明《あ》けの明星《みょうじょう》」たる金星《きんせい》だ。

時に月《つき》と仲良《なかよ》く並《なら》んで、日《ひ》の出《で》を待《ま》ち受《う》けることもある。

法華経の会座《えざ》に、「普香天子《ふこうてんし》（明星天子《みょうじょうてんし》）」として、「宝光天子《ほうこうてんし》（太陽）」と「名月天子《みょうがつてんし》（月）」と共に眷属《けんぞく》を率《ひき》いて連《つら》なる諸天善神《しょてんぜんじん》である。

この「三光天子《さんこうてんし》」たちも、人知れず寒風《かんぷう》を突《つ》いて、聖教新聞を配達《はいたつ》してくださる気高《けだか》き〝無冠《むかん》の友〟の方々《かたがた》へ、福徳《ふくとく》の慈光《じこう》を注《そそ》いでいるであろう。

どうか、風邪《かぜ》などひかれませんように！

心からの感謝《かんしゃ》を込《こ》め、健康長寿《ちょうじゅ》と絶対無事故《ぜったいむじこ》、そして、ご一家《いっか》の安穏《あんのん》と栄光を、皆《みな》で祈《いの》りたい。

＊

希望は人生の宝《たから》なり。

勇気は勝利の力《ちから》なり。

この「希望」と「勇気」を、逆境《ぎゃっきょう》であればあるほど、いよいよ強《つよ》く明《あか》るく賢《かしこ》く発揮《はっき》していく方途《ほうと》を教えてくださったのが、日蓮大聖人である。

御書には仰《おお》せである。

「月は宵《よい》よりも暁《あかつき》は光《ひかり》まさり・春夏よりも秋冬は光あり、法華経は正像《しょうぞう》二千年よりも末法《まっぽう》には殊《こと》に利生有《りしょうあ》る可《べ》きなり」（一五〇一ジペー）

月は、闇《やみ》が最《もっと》も深《ふか》い夜明《よあ》け前ほど、また寒《さむ》さが厳《きび》しく、空気《くうき》が澄《す》んでいる秋や冬ほど、光《ひかり》が冴《さ》える。同じく、人びとが苦悩《くのう》の闇に覆《おお》われる末法《まっぽう》ほど、妙法《みょうほう》の功徳《くどく》はいやまして輝《かがや》くと示《しめ》されている。

日本も世界もコロナ禍《か》が打《う》ち続《つづ》き、先行《さきゆ》きの見えない不安に襲《おそ》われる中にあって、わが創価家族は祈《いの》りを絶《た》やさず、励《はげ》ましの声を惜《お》しまず、一人《ひとり》また一人と、友の心に、同志《どうし》の胸に、希望と勇気の光《ひかり》を届《とど》けてきた。

まさに「時」を逃《のが》さず、「信心即《そく》生活」「仏法即社会」の大使命《だいしめい》を果《は》たし抜《ぬ》いているといってよい。

創立《そうりつ》九十周年を飾《かざ》る今、誉《ほま》れの同志は、地域と社会の依怙依託《えこえたく》として一段と輝《かがや》きを増《ま》し、友情と信頼《しんらい》を勝ち結《むす》んでいる。

その福運《ふくうん》も、どれほどの豊《ゆた》かさと広がりをもって顕《あらわ》れることだろうか。

創立《そうりつ》の師《し》・牧口常三郎《つねさぶろう》先生も、戸田城聖《じょうせい》先生も、さぞ、お褒《ほ》めであろう。

「君も勇敢《ゆうかん》であった」「あなたも忍耐強《にんたいづよ》かった」「私も負《ま》けなかった」「私たちは断固《だんこ》と勝った!」

全世界の宝友《ほうゆう》と互《たが》いの奮闘《ふんとう》を労《ねぎら》い讃《たた》え合いながら、我《われ》らの「創立《そうりつ》の日」

を祝賀《しゅくが》しようではないか！

＊

「11・18」は、牧口先生が、日本の軍国主義《ぐんこくしゅぎ》の横暴《おうぼう》に屈《くっ》せず、不惜身命《ふしゃくしんみょう》、死身弘法《ししんぐほう》の殉教《じゅんきょう》を遂《と》げられた日でもある。

先生の信念《しんねん》は、不当《ふとう》に逮捕《たいほ》され、牢《ろう》につながれても、微動《びどう》だにしなかった。一年四カ月に及《およ》ぶ過酷《かこく》な獄中闘争《ごくちゅうとうそう》の間《あいだ》、家族に宛《あ》てられた手紙には、「災難《さいなん》と云《い》ふても、大聖人様の九牛《きゅうぎゅう》の一毛《いちもう》（ほんのわずか）です」等《とう》と綴《つづ》られている。

先生ご所持《しょじ》の御書には、「開目抄《かいもくしょう》」の一節《いっせつ》「大願《だいがん》を立てん」の箇所《かしょ》に二重線が引かれ、欄外《らんがい》に大きく赤い文字《もじ》で「大願」と記《しる》されていた。

「創立《そうりつ》」の魂《たましい》とは、「誓《ちかい》」を「立」てることだ。

牧口先生は、いかなる状況《じょうきょう》にあっても、人類の幸福と平和を実現《じつげん》すると

東京

いう創立《そうりつ》の誓願《せいがん》を絶対《ぜったい》に手放《てばな》されなかった。

どんな大難《だいなん》の嵐《あらし》が吹《ふ》き荒《あ》れようとも「風の前の塵《ちり》なるべし」（御書一二三二ページ）との大確信《だいかくしん》で、勇猛精進《ゆうみょうしょうじん》され続《つづ》けたのである。

インド独立《どくりつ》の父《ちち》マハトマ・ガンジーも、植民地支配《しょくみんちしはい》からの解放《かいほう》を求《もと》めて非暴力《ひぼうりょく》・不服従《ふふくじゅう》の運動を起《お》こし、何度も投獄《とうごく》された。中でも、有名な「塩《しお》の行進《こうしん》」を敢行《かんこう》したために牢獄《ろうごく》に入《はい》ったのは、学会創立《そうりつ》の年と同じ、一九三〇年であった。

ガンジーは、獄中《ごくちゅう》から弟子《でし》に「誓願《せいがん》の重要性《じゅうようせい》」について書き送っている。「誓《ちか》いをたてるというのは、不退転《ふたいてん》の決意を表明《ひょうめい》すること」(1)「なすべきことを、なにがなんでも遂行《すいこう》する――これが誓願《せいがん》です。それは不抜《ふばつ》の力《ちから》の城壁《じょうへき》になります」(1)

過日《かじつ》の「世界青年部総会」で、五大州《ごだいしゅう》の創価の青年たちは、三代を貫《つらぬ》く誉《ほま》れの「誓《ちかい》」を胸に刻《きざ》み、創立《そうりつ》百周年へ出発してくれた。これほど嬉《うれ》しく、頼《たの》もしいことはない。

必《かなら》ずや世界広宣流布《こうせんるふ》を成《な》し遂《と》げてみせる！——この誓願《せいがん》に地涌《じゆ》の青年が一人《ひとり》立つところ、いずこであれ、「人間革命」と「宿命転換《しゅくめいてんかん》」の新《あら》たな劇《げき》が幕《まく》を開《あ》けるからだ。

試練《しれん》の時代《じだい》に敢然《かんぜん》と躍《おど》り出《で》る、わが後継《こうけい》の愛弟子《まなでし》たちへ、私は若《わか》き日に書き留《とど》めた戸田先生の指導《しどう》を贈《おく》りたい。

「苦《くる》しみが大きければ、大きいほど、その後にくる楽《たの》しみも大きい。苦しさと、真正面《ましょうめん》からぶつかって、南無妙法蓮華経と唱《とな》え切《き》りなさい。苦しいときも、楽しいときも、御本尊を忘《わす》れるな」と。

＊

学会創立《そうりつ》の原点《げんてん》の書『創価教育学体系《たいけい》』は、世界大恐慌《だいきょうこう》の苦難《くなん》の時代《じだい》に、牧口・戸田両《りょう》先生も自《みずか》ら人生の辛苦《しんく》を耐《た》え抜《ぬ》き、発刊《はっかん》された。

牧口先生は、価値創造《かちそうぞう》の教育によって、若き命《わかいのち》が一人《ひとり》ももれなく幸福を勝ち開き、やがて「人類の永遠の勝利」をもたらしゆくことを願われた。

戸田先生も、教育の英知《えいち》を光源《こうげん》として宗教《しゅうきょう》の独善《どくぜん》を退《しりぞ》け、普遍的《ふへんてき》な平和の光《ひかり》で「地球民族」を結《むす》ぶことを展望《てんぼう》された。

今、コロナ禍《か》で、教育の場が、かつてない制約《せいやく》を受ける中、創価大学、東西の創価学園、アメリカ創価大学、ブラジル創価学園、また札幌《さっぽろ》、香港《ホンコン》、シンガポール、マレーシア、韓国《かんこく》の創価の幼稚園《ようちえん》では、皆《みな》が負《ま》けじ魂《だましい》を燃え上がらせ、学び、鍛《きた》え、凛々《りり》しく、たくましく成長してくれている。

かのトインビー博士も創価教育に大きな期待《きたい》を寄《よ》せてくださっていた。

博士が絶賛《ぜっさん》し、「イスラム世界の英知《えいち》」とも評《ひょう》される大歴史家にイブン・ハルドゥーンがいる。十四世紀に大流行《だいりゅうこう》した疫病《えきびょう》（黒死病《こくしびょう》）の脅威《きょうい》と向き合った学者《がくしゃ》でもあった。

十六歳の時に両親を黒死病《こくしびょう》で失《うしな》うなどの悲嘆《ひたん》を乗《の》り越《こ》え、あらゆる経験《けいけん》を後世《こうせい》のために書き残すという〝終生《しゅうせい》の使命《しめい》〟を自覚《じかく》したのだ。主著《しゅちょ》『歴史序説《じょせつ》』で、その労作業《ろうさぎょう》の意義《いぎ》を誇《ほこ》り高く語った。「かならずや後世の歴史家が見倣《みなら》うべき手本となるであろう」(2)と。

自身の悲哀《ひあい》や艱難《かんなん》を越《こ》え、「未来のために」との誓《ちか》いを貫《つらぬ》く時、青年は限りなく強《つよ》くなる。偉大《いだい》な智慧《ちえ》、偉大な創造《そうぞう》、偉大な連帯《れんたい》を築《きず》けるのだ。

今、創価の若人《わこうど》たちが世界の諸課題《しょかだい》に挑《いど》み、人びとの心を、分断《ぶんだん》から協調《きょうちょう》へ、不安から安心へ、不信《ふしん》から信頼《しんらい》へと転《てん》じゆく知性《ちせい》と誠実《せいじつ》の対話を、一人《ひとり》また一人と拡大《かくだい》する――この粘《ねば》り強《づよ》い開拓《かいたく》こそ、後世《こうせい》の人類の希望となり、鑑《かがみ》となると、私は確信《かくしん》してやまない。

＊

明《みょう》二〇二一年、我《われ》らは、御本仏《ごほんぶつ》・日蓮大聖人の「御聖誕《ごせいたん》八百年」の大佳《だいか》節《せつ》を迎《むか》える。

大聖人は「報恩抄《ほうおんしょう》」で、「源《みなもと》遠ければ流《なが》れながし」との譬喩《ひゆ》に続けて仰《おお》せだ。

「日蓮が慈悲曠大《じひこうだい》ならば南無妙法蓮華経は万年の外《ほか》・未来までもながる《流布》べし」（御書三二九ページ）と。

この御本仏《ごほんぶつ》の無量無辺《むりょうむへん》の「慈悲曠大《じひこうだい》」を、健気《けなげ》な母たちをはじめ、無名の民衆《みんしゅう》が真《ま》っすぐに受け継ぎ、百九十二カ国・地域へ、妙法《みょうほう》を弘《ひろ》め抜《ぬ》いてきたのが、創価学会である。

あの地も、この国も、まさに尊《とうと》き〝一粒種《ひとつぶだね》〟の一人《ひとり》、ごく小さな集《つど》いから全《すべ》てが始まった。〝ガンジスの大河《たいが》も一滴《いってき》から〟という言葉の通《とお》りだ。

しかし、それは、微弱《びじゃく》な〝一滴《いってき》〟では断《だん》じてない。「大海《たいかい》の始《はじめ》の一露《いちろ》」（御書一二四一ページ）である。「大海の水は一滴なれども無量《むりょう》の江河《こうが》の水を納《おさ》めたり」（御書一二〇〇ページ）と仰《おお》せの如《ごと》く、無限《むげん》にして尊極《そんごく》の可能性《かのうせい》を具《そな》えた一人《ひとり》ひとりの生命《せいめい》なのだ。

誰《だれ》もが、経済苦《けいざいく》、失業《しつぎょう》、病気《びょうき》、家庭不和《ふわ》等々、あらゆる苦悩《くのう》を抱《かか》えながら、宿命《しゅくめい》の嵐《あらし》と戦っている。社会全体が戦乱《せんらん》や災害《さいがい》、疫病《えきびょう》等に脅《おびや》かされる場合《ばあい》もある。苦難《くなん》の中で生きねばならないのが、人間の厳《きび》しき現実《げんじつ》だ。

戦後《せんご》、学会が再建《さいけん》の歩《あゆ》みを開始した当時、「幸福」という言葉など自分には無縁《むえん》だ、と人生を絶望《ぜつぼう》していた庶民《しょみん》は少《すく》なくなかった。その凍《こご》え切《き》った心の中に、人間の尊厳《そんげん》の熱《ねつ》と輝《かがや》きを蘇《よみがえ》らせ、胸《むね》を張《は》って立ち上がる勇気を鼓舞《こぶ》してきたのが、学会の父母《ちちはは》たちである。

今この瞬間《しゅんかん》にも、「何《なん》としても、この人を励《はげ》ましたい」「苦しむあの人を助けたい」と自行化他《じぎょうけた》の題目を唱《とな》え、行動する同志がいるではないか。自《みずか》らも苦悩《くのう》の中でもがき戦いながら、縁《えにし》を結《むす》んだいかなる友も放《ほう》ってけない、一緒《いっしょ》に勝利しようと懸命《けんめい》に励《はげ》ます心は、すでに仏《ほとけ》の「慈悲曠大《じひこうだい》」と一体《いったい》であり、その振《ふ》る舞《ま》いは「人を敬《うやま》う」不軽菩薩《ふきょうぼさつ》そのものである。

末法《まっぽう》の一切衆生《いっさいしゅじょう》を救《すく》わんとの大聖人の大慈大悲《だいじだいひ》を源《みなもと》として、「不軽《ふきょう》」そして「地涌《じゆ》」の振《ふ》る舞《ま》いを地域《ちいき》に社会に広げ、永遠なる人類の幸福と平和の大潮流《だいちょうりゅう》を起《お》こしていく。ここに、広宣流布《こうせんるふ》の大いなる意義《いぎ》があるのだ。

＊

牧口先生が殉教《じゅんきょう》されたのは、一九四四年十一月十八日の朝六時過ぎであった。しかし、その死は、奇《く》しくも同じ獄中《ごくちゅう》で地涌《じゆ》の使命《しめい》を覚知《かくち》された戸田先生の新《あら》たな生《せい》の出発と結《むす》びついている。広布《こうふ》に一人《ひとり》立つ闘魂《とうこん》が、妙法《みょうほう》の誓火《せいか》をつなぐのだ。

「妙《みょう》とは蘇生《そせい》の義《ぎ》」（御書九四七ジペー）である。

師弟《してい》は不二《ふに》であるゆえに、後継《こうけい》の弟子《でし》は、創立《そうりつ》の師の「師子王《ししおう》の心」を、わが命《いのち》に、毎日毎朝、蘇《よみがえ》らせて立つのである。

牧口先生の如《ごと》く、戸田先生の如く、我《われ》らは「広宣流布《こうせんるふ》の闘士《とうし》」として、すなわち「正義《せいぎ》と人道《じんどう》と平和の価値創造者《かちそうぞうしゃ》」として、日に日に新《あら》たに、師《し》弟《てい》の共戦譜《きょうせんふ》を勝ち光《ひか》らせていこうではないか！

（1）ガンジー著『獄中からの手紙』森本達雄訳、岩波書店

（2）森本公誠著『イブン＝ハルドゥーン』、講談社

世界へ不二《ふに》の旅《たび》を共に

青年を先頭《せんとう》に 前へ前へ前へ！

二〇二〇年九月二十二日

秋の彼岸《ひがん》にあたって、私は妻《つま》と勤行・唱題し、広宣流布《こうせんるふ》の聖業《せいぎょう》に連《つら》なる全《すべ》ての方々《かたがた》の追善回向《ついぜんえこう》を懇《ねんご》ろに行《おこな》った。さらに、社会に災難《さいなん》が打《う》ち続《つづ》く渦《か》中《ちゅう》であり、全宝友《ぜんほうゆう》の無事安穏《あんのん》を強盛《ごうじょう》に祈念《きねん》した。

御本仏《ごほんぶつ》は宣言《せんげん》された。

「妙法蓮華経の五字・末法《まっぽう》の始《はじめ》に一閻浮提《いちえんぶだい》にひろまらせ給《たも》うべき瑞相《ずいそう》に日蓮さきがけ《魁》したり、わたうども《和党共》二陣《じん》三陣つづきて迦葉《かしょう》・阿難《あなん》にも勝《す》ぐれ天台《てんだい》・伝教《でんぎょう》にもこへよかし」（御書九一〇ページ）

この日蓮大聖人の「一閻浮提広宣流布《いちえんぶだいこうせんるふ》」という「人類の幸福・世界の平和」の大誓願《だいせいがん》を師弟《してい》の誓《ちか》いとして、一九三〇年（昭和五年）十一月十八日、初代《しょだい》・牧口常三郎《つねさぶろう》先生と二代・戸田城聖《じょうせい》先生は、創価学会を創立《そうりつ》された。

それから三十年後の十月二日、先師《せんし》・恩師《おんし》と不二《ふに》の誓《ちか》いを掲《かか》げ、私は世界への師弟旅《していたび》に出発した。

東西冷戦下《とうざいれいせんか》に、「人類の宿命転換《しゅくめいてんかん》」という遠大《えんだい》な未来図を描《えが》きつつ、アメリカで、カナダで、ブラジルで、苦悩《くのう》に喘《あえ》ぐ庶民《しょみん》の人間群《ぐん》に飛《と》び込《こ》んでいったのである。

孤独《こどく》と失意《しつい》の境遇《きょうぐう》で、悲嘆《ひたん》にくれる母《はは》がいた。

仕事《しごと》の失敗《しっぱい》の連続《れんぞく》で、立ちつくす父《ちち》がいた。

私は祈《いの》りを込《こ》め、その一人《ひとり》ひとりの命《いのち》の奥底《おうてい》から「地涌《じゆ》の菩薩《ぼさつ》」の誓《ちか》いを呼《よ》び覚《さ》ましていった。

私たちは、日蓮仏法の祈《いの》りは「誓願《せいがん》」の唱題であると語り合った。

すなわち、自《みずか》らの「人間革命」と、わが縁深《えにしふか》き天地《てんち》の「広宣流布《こうせんるふ》」の誓《ちか》いを立て、そのために最大《さいだい》の力《ちから》を発揮《はっき》できるよう題目《だいもく》を唱《とな》える。この信力《しんりき》から智慧《ちえ》を湧《わ》かし、創意《そうい》と努力《どりょく》を重ね、勝利の実証《じっしょう》を示《しめ》すのだ。不屈《ふくつ》の行《ぎょう》力《りき》であきらめの壁《かべ》を破《やぶ》り、「宿命《しゅくめい》」をも「使命《しめい》」に変《か》えていくのだ。

それは、いわゆる〝棚《たな》からボタモチ〟の利益《りやく》を欲《ほっ》し、また祈願《きがん》を聖職者《せいしょくしゃ》頼《だの》みにする、〝おすがり信仰《しんこう》〟を一変《いっぺん》させる革命でもあった。

誓願《せいがん》とは〝自《みずか》ら発《おこ》す〟ものだ。生命内奥《せいめいないおう》から烈々《れつれつ》と響《ひび》かせゆく誓願の題《だい》目《もく》こそ、元品《がんぽん》の無明《むみょう》を打《う》ち破《やぶ》り元品の法性《ほっしょう》を顕《あらわ》す音声《おんじょう》といってよい。

世界広布《こうふ》への第一歩から六十星霜《せいそう》。「誓願《せいがん》の題目《だいもく》」は地球という星《ほし》を大きく強《つよ》く包《つつ》んでいる。

そして今、全世界の青年と共々に「広布《こうふ》の誓火《せいか》」を赤々《あかあか》と燃《も》え上がらせ、新《あら》たな師弟旅《していたび》へ出発する時を迎《むか》えたのだ。

東京

＊

思えば、法華経の会座《えざ》は、釈尊《しゃくそん》に対《たい》して弟子《でし》がそれぞれに妙法《みょうほう》の弘通《ぐつう》を誓《ちか》う「師弟《してい》の誓願《せいがん》」に貫《つらぬ》かれている。

「一切衆生の成仏《いっさいしゅじょうのじょうぶつ》」という仏《ほとけ》の大願《だいがん》を、自《みず》らの誓《ちか》いとする生命《せいめい》にこそ、「仏界《ぶっかい》」の智慧《ちえ》と力《ちから》が脈々《みゃくみゃく》と涌現《ゆげん》するのである。

なかんずく地涌《じゆ》の菩薩《ぼさつ》は、「六難九易《ろくなんくい》」さらに「三類《さんるい》の強敵《ごうてき》」が説かれ、末法《まっぽう》の広宣流布《こうせんるふ》が難事中《なんじちゅう》の難事であることを明《あ》かされた上で、決然《けつぜん》と、また悠然《ゆうぜん》と誓願《せいがん》を起《お》こす。

七十五年前、戸田先生は法難《ほうなん》で獄死《ごくし》された牧口先生の遺志《いし》を継《つ》ぎ、「地《じ》涌《ゆ》の負《ま》けじ魂《だましい》」を滾《たぎ》らせて、出獄《しゅつごく》された。

そして——

「詮《せん》ずるところは天《てん》もすて給《たま》え諸難《しょなん》にもあえ身命《しんみょう》を期《ご》とせん」

「我日本《われ》の柱《はしら》とならむ我日本の眼目《がんもく》とならむ我日本の大船《たいせん》とならむ等《とう》とちかいし願《ねがい》やぶるべからず」（御書二三二ジペー）との「開目抄《かいもくしょう》」の仰《おお》せのまま、「大法弘通《だいほうぐつう》」に挑《いど》み抜《ぬ》かれたのである。

これが仏意仏勅《ぶついぶっちょく》の学会精神《せいしん》である。

「慈折広宣流布《じしゃくこうせんるふ》」に生きる創価の地涌《じゆ》の陣列《じんれつ》は、まさしく時空《じくう》を超《こ》えて、三世十方《じっぽう》の仏菩薩《ぶつぼさつ》と壮大《そうだい》につながりながら、何ものをも恐《おそ》れぬ最強無《さいきょうむ》敵《てき》の境涯《きょうがい》で誓《ちか》いを果《は》たしゆくのだ。

＊

過日《かじつ》、聖教新聞に投稿《とうこう》されていた華陽《かよう》の乙女《おとめ》の「声」を、妻《つま》が感動を込《こ》めて語ってくれた。

一九五二年（昭和二十七年）の八月、私が関西初訪問《かんさいはつほうもん》の折《おり》に出席した堺市《さかいし》内《ない》の座談会《ざだんかい》で、曾祖母《そうそぼ》が入会《にゅうかい》を決意された歴史《れきし》が綴《つづ》られていた。

あの座談会《ざだんかい》は、私にとっても忘《わす》れ得《え》ぬ関西《かんさい》での初陣《ういじん》であった。師匠《ししょう》・戸田先生の偉大《いだい》さを語り、肺病《はいびょう》を乗《の》り越《こ》えた自身の体験《たいけん》を紹介《しょうかい》した。さらに、この仏法が必ず全世界に弘《ひろ》まること、やがて「創価教育《きょういく》」の学校を建設《けんせつ》することも訴《うった》えた。

広布《こうふ》の語らいは、どんな小さな会座《えざ》も「仏種《ぶっしゅ》」を芽吹《めぶ》かせる幸《さち》の縁《えん》となり、宝珠《ほうしゅ》と輝《かがや》く「今生人界《こんじょうにんかい》の思出《おもいで》」(御書四六七ジペー)となる。

聖教への投稿《とうこう》にも、曾祖母《そうそぼ》を源流《げんりゅう》として四世代《せだい》が営々《えいえい》と師弟共戦《していきょうせん》の道を歩《あゆ》み、今、後継《こうけい》の乙女《おとめ》が「世界青年部総会」へ異体同心《いたいどうしん》の信心で前進しているとあった。

草創《そうそう》の父母《ちちはは》たちが言い知れぬ悪戦苦闘《あくせんくとう》に歯《は》を食《く》いしばり、「負《ま》けたらあかん!」と貫《つらぬ》き通《とお》してきた誓《ちか》いを、宝《たから》の青年が継承《けいしょう》している。そしてコロナ禍《か》の苦難《くなん》に立ち向かい、若《わか》き広宣《こうせん》の世界市民の熱《ねつ》と力《ちから》で常勝新時代《じょうしょうしんじだい》の価値創造《ちそうぞう》に挑《いど》んでいるのだ。

静岡

「世界青年部総会」では、若人《わこうど》たちがオンラインで五大州《ごだいしゅう》の友を結《むす》んで、〝霊山一会《りょうぜんいちえ》〟さながらの地涌《じゆ》の大連帯《だいれんたい》の会座《えざ》が現出《げんしゅつ》する。

身体的《しんたいてき》、地理的《ちりてき》な距離《きょり》を飛《と》び越《こ》えて、人と人を結合《けつごう》するものは何《なに》か。それは宇宙をも包《つつ》み返《かえ》す、無限《むげん》の可能性《かのうせい》を秘《ひ》めた生命《せいめい》の広大《こうだい》な一念《いちねん》である。

あの人を励《はげ》ましたいという真剣《しんけん》な情熱《じょうねつ》、この人と心を通わせたいという誠実《せいじつ》の対話ほど、強《つよ》く尊《とうと》いものはない。幸福を願う随縁真如《ずいえんしんにょ》の智《ち》が、必ず命《いのち》を結《むす》ぶ道を開くのだ。

幾歳月《いくさいげつ》を超《こ》え、幾世代《せだい》を超え、さらには国境《こっきょう》も超えて広布誓願《こうふせいがん》のバトンをつなぎ、この青き地球の大空《おおぞら》に希望の虹《にじ》を懸《か》けゆく挑戦《ちょうせん》である。二十一世紀《せいき》を担《にな》い立《た》つ青年部が〝負《ま》けじ魂《だましい》ここにあり！〟と胸《むね》を張《は》って、創立《そうりつ》百周年《しゅうねん》の勝利の因《いん》を刻《きざ》みゆく実験証明《じっけんしょうめい》と讃《たた》えたい。

＊

私が世界へ踏《ふ》み出《だ》した一九六〇年（昭和三十五年）は、奇《く》しくも「立正安《りっしょうあん》国論《こくろん》」の諫暁《かんぎょう》から七百年の節目《ふしめ》であった。それは、いわば「立正安世界」への師弟旅《していたび》の始まりともなった。文明《ぶんめい》や人種《じんしゅ》、宗教《しゅうきょう》などの違《ちが》いをも超《こ》え、「四表《しひょう》の静謐《せいひつ》」（御書三一ジペー）へ地球民族を結《むす》ぶ対話を重ね、民衆《みんしゅう》と民衆の心に揺《ゆ》るがぬ信頼《しんらい》の橋《はし》を築《きず》いてきたのだ。

その中で友情を結《むす》んだローマクラブの創立者《そうりつしゃ》、アウレリオ・ペッチェイ博士との語らいも蘇《よみがえ》る。

地球環境《かんきょう》の危機《きき》にいち早く警鐘《けいしょう》を鳴《な》らした博士であったが、人類の未来を決《けっ》して悲観《ひかん》していなかった。なぜか。無尽蔵《むじんぞう》の可能性《かのうせい》を備《そな》えた宝庫《ほうこ》として「人間」自身に注目《ちゅうもく》していたからである。

博士は、私との対話の中で、人類の奥深《おくぶか》い潜在力《せんざいりょく》を開発《かいはつ》する「人間革命」こそが、地球社会の前進をもたらすことを確信《かくしん》されていたのである。

そして嬉《うれ》しいことに、南《みなみ》アフリカ出身《しゅっしん》で、現《げん》・ローマクラブ共同《きょうどう》会長のマンペラ・ランペレ博士が聖教新聞の取材《しゅざい》に応《こた》え、今日《こんにち》の地球的危機《きき》を乗《の》り越《こ》え、〝「新《あら》たな人類文明《ぶんめい》」を創出《そうしゅつ》する鍵《かぎ》は「人間革命」である〟と強調《きょうちょう》されていた（九月十七日付）。ペッチェイ博士も、志《こころざし》を継《つ》ぐランペレ博士も、共に青年に希望を託《たく》しておられる。

今、全世界の青年部が、国連を中心《ちゅうしん》に多くの団体《だんたい》と連帯《れんたい》し、SDGs《エスディージーズ》（持続可能《じぞくかのう》な開発目標《かいはつもくひょう》）の達成《たっせい》に挑《いど》み、「平和の柱《はしら》」「教育《きょういく》の眼目《がんもく》」「文化《ぶんか》の大《たい》船《せん》」として行動《こうどう》しゆく姿《すがた》を、両《りょう》博士もさぞかし喜《よろこ》んでくださるに違《ちが》いない。

＊

新《あら》たに誕生《たんじょう》した「世界青年部歌」には——、「さあ　共に出発しよう！　命《いのち》ある限《かぎ》り戦おう！　前へ　前へ　前へ」と謳《うた》い上《あ》げられている。

法華経にも、「前進」と記《しる》されている。

——険難悪道《けんなんあくどう》を越《こ》える長旅《ながたび》に疲《つか》れ果《は》て、あきらめて引《ひ》き返《かえ》そうとする人びとに、一人《ひとり》のリーダーが聡明《そうめい》な指揮《しき》を執《と》って、身近《みぢか》に到達可能《とうたつかのう》な目標《もくひょう》（化城《けじょう》）を示《しめ》し、皆《みな》に歓喜《かんき》と休息《きゅうそく》を与《あた》えた。そして活力《かつりょく》を回復《かいふく》させながら、力強《ちからづよ》く呼《よ》びかけるのだ。

「汝等《なんだち》は当《まさ》に前進《すす》むべし」（法華経三二〇ジペー）――共々に、本来《ほんらい》の目的地《もくてきち》である宝処《ほうしょ》（成仏《じょうぶつ》の境涯《きょうがい》）へ今再《ふたた》び出発しよう！　と。

大聖人は、この譬《たと》えを通《とお》して「日蓮に共《ぐ》する時は宝処《ほうしょ》に至《いた》る可《べ》し」（御書七三四ジペー）と、厳然《げんぜん》と仰《おお》せくださっている。

「法華経の命《いのち》を継ぐ」青年たちと共に前進する喜《よろこ》びに勝《まさ》るものはない。

＊

一九八五年（昭和六十年）の十月、中部《ちゅうぶ》の三重《みえ》研修道場《けんしゅうどうじょう》を訪《おとず》れた時、若人《わこうど》たちが手づくりで研修のための「青年塾《じゅく》」を設《もう》けてくれていた。

そこで、「道」「師弟山《していざん》」などの書《しょ》と共に、私が感謝《かんしゃ》を込《こ》めて認《したた》めた一枚が「誓《ちかい》」である。

この書《しょ》を、今、総決起《そうけっき》した世界の青年部・未来部に贈《おく》りたい。

「誓《ちかい》」は翼《つばさ》なり――

誓《ちか》いを立てる時、最《もっと》も誇《ほこ》り高き「青春の飛翔《ひしょう》」が始まる。

「誓《ちかい》」は道なり――

誓《ちか》いを結《むす》び合う時、最《もっと》も美しき「人間の連帯《れんたい》」が広がる。

「誓《ちかい》」は光《ひかり》なり――

誓《ちか》いを果《は》たしゆく時、最《もっと》も荘厳《そうごん》な「生命《せいめい》の太陽」が未来を照《て》らすのだ。

わが不二《ふに》の愛弟子《まなでし》が、一人《ひとり》ももれなく、不退《ふたい》の「誓《ちかい》」に生き抜いて、最《さい》極《ごく》の幸福栄光を勝ち取る前途《ぜんと》を、私は信じ祈《いの》っている。創価の師弟共戦《していきょうせん》の旅《たび》に、生命《せいめい》の勝《か》ち鬨《どき》が轟《とどろ》き渡《わた》ることは絶対《ぜったい》に間違《まちが》いないからだ。

師弟凱歌《していがいか》の言論城《げんろんじょう》

正義《せいぎ》の師子吼《ししく》で民衆《みんしゅう》に希望の光《ひかり》を！

二〇一九年十月三日

清々《すがすが》しい青空が広がる九月二十八日の午前、「世界聖教会館」の真新しい館内に足を運《はこ》んだ。

礼拝室《らいはいしつ》の言論《げんろん》会館で勤行・唱題を行《おこな》い、深《ふか》く強《つよ》く誓願《せいがん》の祈《いの》りを捧《ささ》げた。

いよいよ、この新しき師弟《してい》の言論城《げんろんじょう》から、世界広宣流布《こうせんるふ》の新しき波《なみ》を起《お》こすのだ！

人間主義《しゅぎ》と生命尊厳《せいめいそんげん》の旗《はた》を掲《かか》げて、「希望の光《ひかり》」「常楽《じょうらく》の光」「平和の光」を広げゆくのだ！

そして、日本と世界の読者《どくしゃ》をはじめ、聖教につながる一切《いっさい》の方々《かたがた》が、健康で幸福であるように！

なかんずく、日々、我《われ》らの聖教を配達《はいたつ》してくださっている〝無冠《むかん》の友〟が、どうか、絶対《ぜったい》に無事故《むじこ》であるように！　と真剣《しんけん》に題目《だいもく》を送った。

図書資料室《としょしりょうしつ》では、聖教新聞の爽《さわ》やかなコマーシャルも拝見《はいけん》した。ここでは、世界各国の機関紙《きかんし》・誌《し》や日本及《およ》び海外《かいがい》の出版物が閲覧《えつらん》できる。

電子版《でんしばん》の「セイキョウオンライン」（聖教電子版）には、実《じつ》に百九十八カ国・地域《ちいき》からアクセスがあるという（二〇二一年八月現在、二百十カ国・地域）。

「日本中、世界中の人に読《よ》ませたい」と言われていた戸田先生が、どれほど喜《よろこ》ばれるか。

第二代会長就任《しゅうにん》を目前《もくぜん》に、先陣切《せんじんき》って創刊《そうかん》された聖教新聞は当初《とうしょ》、新《しん》宿《じゅく》・百人町《ひゃくにんちょう》にあった先生の事務所で制作され、作業場《さぎょうば》は間《ま》もなく市ケ谷《いちがや》の

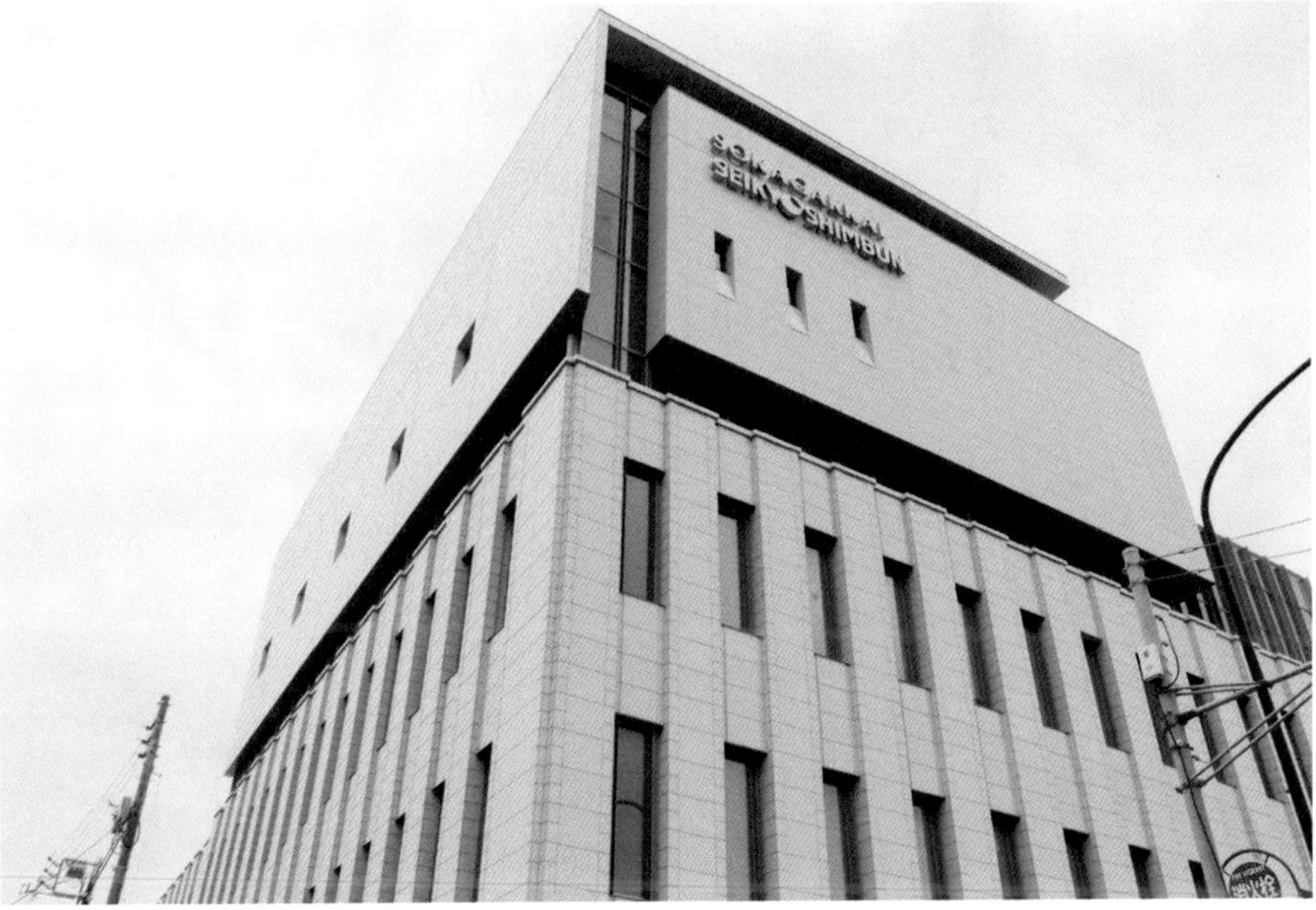
SOKAGAKKAI
SEIKYO SHIMBUN

世界聖教会館

ビルに移《うつ》った。狭《せま》い狭い編集室《へんしゅうしつ》で、先生を囲《かこ》んで新聞を作った日々——苦《くる》しくも楽《たの》しき歩《あゆ》みを思い起《お》こしながら、妻《つま》と感慨《かんがい》深《ぶか》く語り合った。

＊

この九月二十八日は、実《じつ》は一九七〇年（昭和四十五年）に、これまでの聖教新聞本社屋《ほんしゃおく》の落成式《らくせいしき》が行《おこな》われた日でもあった。奇《く》しくも、あれから五十年目となる。

あの当時、いわゆる「言論問題《げんろんもんだい》」が惹起《じゃっき》し、学会は無理解《むりかい》の非難《ひなん》にも晒《さら》されていた。その中で完成した聖教本社屋《ほんしゃおく》は、烈風《れっぷう》に向かって敢然《かんぜん》と聳《そび》え立《た》つ新生《しんせい》の城《しろ》であった。

落成式《らくせいしき》の折《おり》、私は申《もう》し上《あ》げた。

「心も一新《いっしん》して出発しよう。日々、自分の惰性《だせい》を打《う》ち破《やぶ》っていくことが、良い新聞をつくる最大《さいだい》の要件《ようけん》だ。一日一日が戦いだよ……前進、前進、前進なんだ」

半世紀《はんせいき》を経《へ》た今、再《ふたた》び新《あら》たな人間革命の心で、新たな前進の「希望」と新たな前進の「勇気」を送っていきたい。

＊

世界聖教会館の一階入《い》り口《ぐち》に設置《せっち》された「師弟凱歌《していがいか》の碑《ひ》」に私は記《しる》した。

「立正安国《りっしょうあんこく》と世界広布《こうふ》の大言論城《だいげんろんじょう》たる此《こ》の地《ち》から、永久《えいきゅう》に師弟共戦《していきょうせん》の師子吼《ししく》が放《はな》ちゆかれることを信ずるものである」

「師子吼《ししく》」といえば、法華経の勧持品《かんじほん》では、釈尊《しゃくそん》の御前《おんまえ》に勢揃《せいぞろ》いした弟《で》子《し》たちが、「師子吼を作《な》して、誓言《せいごん》を発《おこ》さく」（法華経四一七ジペー）と説かれる。

すなわち、仏滅後《ぶつめつご》の悪世《あくせ》にあって、十方《じっぽう》世界を舞台《ぶたい》に法華経を弘通《ぐつう》することを力強《ちからづよ》く誓願《せいがん》した、弟子《でし》たちの誓《ちか》いの言葉を「師子吼《ししく》」と表現《ひょうげん》されているのだ。

御本仏《ごほんぶつ》・日蓮大聖人は、この深義《じんぎ》を御義口伝《おんぎくでん》で「師《し》とは師匠授《ししょうさず》くる所《ところ》の妙法《みょうほう》 子《し》とは弟子受《でしう》くる所の妙法・吼《く》とは師弟《してい》共に唱《とな》うる所の音声《おんじょう》なり」(御書七四八ジペー)と教えてくださった。

「師子吼《ししく》」とは、師弟不二《していふに》の心で妙法《みょうほう》を唱《とな》え、「正義《せいぎ》」を叫《さけ》び切《き》っていくことに他《ほか》ならない。

勧持品《かんじほん》で、弟子《でし》たちが師子吼《ししく》して示《しめ》したことは何《なん》であったか。「三類《さんるい》の強敵《ごうてき》」の迫害《はくがい》に屈《くっ》せず、不惜身命《ふしゃくしんみょう》で戦い抜《ぬ》いてみせる、との誓願《せいがん》である。

青年部の友が今回の教学試験で研鑽《けんさん》した通《とお》り、三類《さんるい》の強敵《ごうてき》とは――

第一に俗衆《ぞくしゅ》による悪口罵詈《あっくめり》等《とう》の迫害《はくがい》である。

第二に傲慢《ごうまん》で邪智《じゃち》の僧侶《そうりょ》らによる迫害《はくがい》である。

そして第三に、世《よ》の尊敬《そんけい》を集《あつ》める高僧《こうそう》を装《よそお》い、権力者《けんりょくしゃ》と結託《けったく》した僭聖増《せんしょうぞう》上慢《じょうまん》による迫害《はくがい》である。

大聖人直結《ちょっけつ》の我《われ》ら創価の師弟《してい》は、僭聖増上慢《せんしょうぞうじょうまん》をも駆《か》り出し、異体同心《いたいどうしん》で「三類《さんるい》の強敵《ごうてき》」と決然《けつぜん》と戦い続《つづ》けてきた。

それは、聖教新聞を正義《せいぎ》の宝剣《ほうけん》として、一人《ひとり》ひとりが勇敢《ゆうかん》に忍耐強《にんたいづよ》く貫《つらぬ》き通す大言論戦《だいげんろんせん》である。

我《われ》らは、断固《だんこ》として勝ちに勝った。晴《は》ればれと「破邪顕正《はじゃけんせい》」の勝ち鬨《どき》をあげた。百九十二カ国・地域《ちいき》の平和・文化《ぶんか》・教育《きょういく》の連帯《れんたい》は、いよいよ威光《いこう》勢力《せいりょく》を増《ま》している。これこそ、歴史《れきし》に永遠に輝《かがや》く民衆《みんしゅう》仏法の凱歌《がいか》である。

不思議《ふしぎ》にも、今この時、世界聖教会館が誕生《たんじょう》したことは、御本仏《ごほんぶつ》が創価の師弟《してい》を御照覧《ごしょうらん》くださり、讃嘆《さんたん》してくださっている、何《なに》よりの証《あか》しなりと確信《かくしん》するものである。

我《われ》らの言論城《げんろんじょう》は、永久《えいきゅう》に師弟共戦《していきょうせん》の「師子吼《ししく》の大城《だいじょう》」だ。

「各各師子王《おのおのししおう》の心を取《と》り出《いだ》して・いかに人をどすともをづる事《こと》なかれ」

「彼等《かれら》は野干《やかん》のほう《吼》るなり日蓮が一門《いちもん》は師子《しし》の吼《ほう》るなり」（御書一一九〇ページ）

どこまでも、この御金言通《ごきんげんどお》り、この世《よ》で最《もっと》も強《つよ》き「師子吼《ししく》」を轟《とどろ》かせ、人生と社会のいかなる悲嘆《ひたん》も絶望《ぜつぼう》も吹《ふ》き飛《と》ばし、共に勝ち進みゆくのだ。

＊

世界聖教会館から、間近《まぢか》に輝《かがや》き見える世界女性会館をカメラに収《おさ》めた。

二〇〇〇年の九月に開館して以来《いらい》、「女性の世紀《せいき》」の宝城《ほうじょう》として、世界の宝友《ほうゆう》を迎《むか》えている。

近隣《きんりん》にお住まいで、ウクライナの駐日大使《ちゅうにちたいし》だったコステンコ氏と、詩人《しじん》として名高《なだか》いリュドミラ夫人は、この女性会館を「心美しい人、幸福な人が集《つど》う王国《おうこく》」と形容《けいよう》された。

しかも、来館者《らいかんしゃ》を「会館に入《はい》る時以上に、出てくる姿《すがた》は、もっと美しい」と讃《たた》えてくださった。

これこそ、「蘭室《らんしつ》の交《まじ》わり」を広げる創価の城《しろ》の福徳《ふくとく》の力《ちから》なのである。

折《おり》しも九月二十八日は一九七五年（昭和五十年）に、当時の女子部の「青春会」が発足《ほっそく》して四十五年目の日であり、世界女性会館では結成《けっせい》記念の会合が行《おこな》われた。

「一生涯《いっしょうがい》、題目《だいもく》と広布《こうふ》」との誓《ちか》いのままに、仲良く励《はげ》まし合いながら走《はし》り抜《ぬ》いて、世界の華陽《かよう》姉妹の道を開いてくれた模範《もはん》のスクラムである。

皆《みな》の元気な近況《きんきょう》を妻《つま》からうれしく聞きながら、「年は・わかう《若》なり福《ふく》はかさなり候《そうろう》べし」（御書一一三五ページ）との実証《じっしょう》を、ますます朗《ほが》らかに、と題《だい》目《もく》を送った。

*

「諫暁八幡抄《かんぎょうはちまんしょう》」には、仰《おお》せである。

「月《つき》は西より東に向《むか》へり月氏《がっし》の仏法の東へ流《なが》るべき相《そう》なり、日《ひ》は東より出《い》づ日本の仏法の月氏へかへるべき瑞相《ずいそう》なり」（御書五八八～五八九ページ）

大聖人が願われた、「仏法西還《せいかん》」「一閻浮提広宣流布《いちえんぶだいこうせんるふ》」を現実《げんじつ》のものとしたのは、創価学会である。

日興上人《にっこうしょうにん》の指南《しなん》を伝える「五人所破抄《ごにんしょはしょう》」に、「本朝《ほんちょう》の聖語《せいご》も広宣《こうせん》の日は亦仮字《またかな》を訳《やく》して梵震《ぼんしん》に通《つう》ず可《べ》し」（御書一六一三ジペー）と説かれる如《ごと》く、文《も》字《じ》・言論《げんろん》が具《そな》える普遍《ふへん》の力《ちから》で、あらゆる壁《かべ》を越《こ》えて、今やこの地球上に、日蓮仏法の大光《たいこう》が届《とど》かない所《ところ》はない。

先日は、学会代表団、青年文化訪印団《ぶんかほういんだん》が、仏教発祥《はっしょう》のインドに赴《おもむ》いた。

ニューデリーにはインド創価学会（ＢＳＧ）の新「本部」が落成《らくせい》、首都《しゅと》近郊《きんこう》にある創価菩提樹園《ぼだいじゅえん》には「講堂《こうどう》」の誕生《たんじょう》……わが地涌《じゆ》の同志の歓喜《かんき》がはじける、誠《まこと》に晴《は》れがましい慶事《けいじ》が続《つづ》いた。

一九七九年（昭和五十四年）二月、私がインドを訪《おとず》れた折《おり》、メンバーは百人にも満《み》たなかった。しかし私は〝ガンジスの大河《たいが》も一滴《いってき》から〟と、尊《とうと》き使命《しめい》の友を励《はげ》ました。

ここから我《わ》が同志は、勇気ほとばしる息吹《いぶき》で、悠久《ゆうきゅう》の大地に幸福と友情と信頼《しんらい》という妙法《みょうほう》の種《たね》を蒔《ま》き続《つづ》け、この四十年で、二十二万人を超《こ》える偉《い》大《だい》な地涌《じゆ》の人華《にんげ》と咲《さ》き誇《ほこ》っているのである。

微笑《ほほえ》みの王国《おうこく》・タイの広布《こうふ》の大発展《だいはってん》も目覚《めざ》ましい。明年《みょうねん》（二〇二〇年）には、待望《たいぼう》の研修《けんしゅう》センターが完成する（コロナ禍のため一年延期し、二〇二一年完成）。

毎日、インド、タイからの報告を伺《うかが》い、眩《まばゆ》いばかりの友の笑顔《えがお》を聖教紙上で拝見《はいけん》しながら、何度も何度も万歳《ばんざい》を叫《さけ》び、喝采《かっさい》を送る思いであった。

「諫暁八幡抄《かんぎょうはちまんしょう》」には、さらにこう仰《おお》せである。

「月《つき》は光《ひかり》あきらかならず在世《ざいせ》は但《ただ》八年なり、日《ひ》は光明《こうみょう》・月に勝《まさ》れり五五《ごご》百歳《ひゃくさい》の長き闇《やみ》を照《てら》すべき瑞相《ずいそう》なり」（御書五八九ページ）

広宣流布《こうせんるふ》は、世界へという「横《よこ》の広がり」とともに、世代《せだい》から世代への「縦《たて》のつながり」によって織《お》りなす大絵巻《だいえまき》だ。

世代《せだい》を重ねるごとに、いよいよ力《ちから》ある「従藍而青《じゅうらんにしょう》」の人材を育成《いくせい》する。これが、末法万年尽未来際《まっぽうまんねんじんみらいさい》の「令法久住《りょうぼうくじゅう》」を開く大道《だいどう》である。

＊

思えば、戸田先生が「城聖《じょうせい》」とのお名前を、初めて記《しる》されたのは、法難《ほうなん》の獄中《ごくちゅう》であった。

恩師《おんし》は、殉教《じゅんきょう》の師《し》・牧口常三郎《つねさぶろう》先生の分身《ぶんしん》として出獄《しゅつごく》され、民衆《みんしゅう》を守り抜く「正義《せいぎ》の城《しろ》」「人材の城」「平和の城」を、厳然《げんぜん》と築《きず》かれたのである。

今も、先生の声が聞こえるようだ。

「私は城聖《じょうせい》、君は大作《だいさく》だ。一緒《いっしょ》に、偉大《いだい》な『創価の大城《だいじょう》』を作ろうではないか！」

聖教の「聖《せい》」の文字《もじ》は、わが城聖《じょうせい》先生の「聖」に通《つう》じ、そして「耳《みみ》」と「口《くち》」の「王《おう》」と書く。恩師《おんし》さながらに「対話の王者《おうじゃ》」「言論《げんろん》の王者」たれとの意義《いぎ》と、私は命《いのち》に刻《きざ》んできた。

世界聖教会館は、その正面《しょうめん》を東天《とうてん》に向けて聳《そび》え立《た》つ。まさに昇《のぼ》りゆく旭《きょく》日《じつ》と共に輝《かがや》き光《ひか》る大城《だいじょう》であるといってよい。

この「太陽の言論城《げんろんじょう》」を仰《あお》ぎつつ、いやまして勇気と励《はげ》ましの語らいを、わが地域《ちいき》へ、世界へ明《あか》るく広げ、共々に「平和の地球《ほし》」を照《て》らしゆこうではないか！

希望の光

新しき朝《あした》へ勇《いさ》み進め

「創価」とは「希望」の光《ひかり》なり

二〇二〇年十二月二十五日

私《わたくし》は
　誰《だれ》にも負けない
　　紅葉《もみじ》かな

かつて、人生と社会の戦野《せんや》で奮闘《ふんとう》する友に贈《おく》った句《く》である。

炎《ほのお》のように真《ま》っ赤《か》な枝葉《えだは》を広げる紅葉《もみじ》の姿《すがた》は、あまりにもけなげで、凛々《りり》しく、まぶしい。

何《なに》があろうが、誰《だれ》が何と言おうが、断《だん》じて負けない——この不撓不屈《ふとうふくつ》の生命力《せいめいりょく》が紅《くれない》に染《そ》まったように見える。

やがて大地に散《ち》り落《お》ちた葉《は》は土壌《どじょう》を豊《ゆた》かにし、次の春、仲間《なかま》の木々が勢《いきお》いよく新しい枝葉《えだは》を伸《の》ばし、生長《せいちょう》するための力《ちから》となっていく。鮮《あざ》やかな紅《こう》葉《よう》は、命《いのち》のバトンタッチを見事《みごと》に成《な》し遂《と》げた勝《か》ち鬨《どき》ともいえよう。

まさしく、この試練《しれん》の一年を耐《た》え抜《ぬ》き、赤々《あかあか》と「負けじ魂《だましい》」を燃《も》え上《あ》がらせてきた、わが創価家族の英姿《えいし》と重なり合う。

友の身を案《あん》じ、無事を祈《いの》り、声をかけ、励《はげ》ましを送《おく》る。自分ができることからと、賢《かしこ》く朗《ほが》らかに足取り軽く行動する。

いずこであっても、わが同志は「信心即《そく》生活」「仏法即社会」なりと一《いち》念《ねん》を定《さだ》めて実証《じっしょう》を示《しめ》し、世《よ》のため、人のため、家族のため、未来のために、粘《ねば》り強《づよ》く戦い続《つづ》けている。

真正《しんせい》の「地涌《じゆ》の菩薩《ぼさつ》」でなければ、決《けっ》してなし得《え》ぬ行動である。

この「自他共《じたとも》の幸福」を願って動く、世界市民の連帯《れんたい》の壮大《そうだい》な広がりは、さながら御本仏《ごほんぶつ》が「地涌《じゆ》の義《ぎ》」と仰《おお》せの姿《すがた》そのものであると、私は確《かく》信《しん》してやまない。

なかんずく、尊《とうと》い命《いのち》を守らんと医療現場《いりょうげんば》で戦い続《つづ》けるドクター部、白樺《しらかば》の友をはじめ、社会・地域《ちいき》の最前線《さいぜんせん》で、日夜《にちや》、献身《けんしん》されている方々《かたがた》のご苦労をあらためて労《ねぎら》いたい。

また各界《かっかい》の識者《しきしゃ》からも〝コロナ禍《か》における希望と良識《りょうしき》の言論《げんろん》〟等と共鳴《きょうめい》される聖教新聞を、日々配達《はいたつ》してくださる「無冠《むかん》の友」に感謝《かんしゃ》は尽《つ》きない。

さらに、聡明《そうめい》に〝新様式《しんようしき》〟で工夫《くふう》しながら、会館での会合を運営《うんえい》し、同志を守ってくれた、男女青年部の創価班《はん》、牙城会《がじょうかい》、白蓮《びゃくれん》グループの皆さん、本当にありがとう!

壮年部王城会《おうじょうかい》、婦人部香城会《こうじょう》、会館守る会、サテライトグループの方々《かたがた》をはじめ、広布《こうふ》の活動を支《ささ》えてくださった全《すべ》ての宝友《ほうゆう》の陰《かげ》の戦いこそ、後《こう》世《せい》に語り継《つ》がれゆく創価の真実の姿《すがた》なのである。

＊

栄光の学会創立《そうりつ》百周年へ、〝勝《しょう》負《ぶ》の十年〟を決《けっ》する「希望・勝利の年」がいよいよ幕《まく》を開《あ》ける。

「創価」とは、まさに無限《むげん》の「希望」そのものだ。

一九四五年（昭和二十年）七月、出獄《しゅつごく》した恩師《おんし》・戸田先生は、戦禍《せんか》の焼《や》け野原《のはら》に立たれた。

先師《せんし》・牧口先生は獄死《ごくし》。自《みずか》らも衰弱《すいじゃく》し、事業《じぎょう》は多額《たがく》の負債《ふさい》を抱《かか》えていた。国中が絶望《ぜつぼう》に覆《おお》われ、希望の欠片《かけら》も見えない。その暗闇《くらやみ》の世《よ》に、たった一人《ひとり》、「今こそ広宣流布《こうせんるふ》の時なり！」と心を定《さだ》め、学会再建《さいけん》の戦いを開始されたのだ。

戸田先生は語られた。

「南無妙法蓮華経は、永劫《えいごう》永遠の根本法則《こんぽんほうそく》である。大宇宙の本源力《ほんげんりょく》であり、無上道《むじょうどう》である。

ゆえに、この妙法を持《たも》ち、信じ、行動していく人に、断《だん》じて不幸はない。完璧《かんぺき》なる幸福境涯《きょうがい》になることは間違《まちが》いない」と。

この最極《さいごく》の希望の行進に、先生は地涌《じゆ》の若人《わこうど》を、一人《ひとり》また一人と呼《よ》び出《いだ》していかれたのである。

十九歳で先生の弟子《でし》となった私は、その後の学会存亡《そんぼう》の危機《きき》にお供《とも》し、一九五一年(昭和二十六年)の五月三日、戸田先生の第二代会長就任《しゅうにん》の時を師弟《してい》して勝ち開いた。

希望ある限《かぎ》り、道は必ず開ける。相次《あいつ》ぐ苦難《くなん》をも飛躍《ひやく》の転機《てんき》へと変えていける。その汲《く》めども尽《つ》きぬ希望の源泉《げんせん》こそが、妙法の信仰《しんこう》なのだ。

＊

「自分に課《か》せられていると感ぜられる創造《そうぞう》を、全部やり遂《と》げずにこの世《よ》を去《さ》ることはできない」(1)

今月、生誕《せいたん》二百五十周年を迎えた楽聖《がくせい》ベートーベンの言葉である。難聴《なんちょう》を患《わずら》い、音楽家の命《いのち》である聴力《ちょうりょく》が日ごとに失《うしな》われる中で認《したた》められた。

彼は聴覚《ちょうかく》を失《うしな》っても、なお創造《そうぞう》の使命《しめい》を貫《つらぬ》き、「第九《だいく》」をはじめとする傑作《けっさく》を世《よ》に送り出した。いな、この逆境《ぎゃっきょう》がなければ、「第九」も生まれなかったかもしれない。

楽聖《がくせい》を楽聖たらしめたのは、〝わが魂《たましい》はこれに打ち勝たねばならぬ〟との誓《ちか》いの炎《ほのお》であった。

人間の真価《しんか》は、最大《さいだい》の逆境《ぎゃっきょう》においてこそ鍛《きた》え顕《あらわ》すことができる。御聖訓《ごせいくん》にも「鉄《くろがね》は炎打《きたいう》てば剣《つるぎ》となる」（御書九五八ページ）と仰《おお》せの通《とお》りだ。

ベートーベンは生涯《しょうがい》、「情愛深《じょうあいぶか》い母《はは》」を慕《した》い、感謝《かんしゃ》していた。母亡《な》き後《あと》にも、「ああ、お母さんという美《うつく》しい言葉を、私がまだ口《くち》にしていたり、

東京

それが聞こえたりしていた頃《ころ》の私にも増《ま》して幸福な者があったでしょうか」(2)と綴《つづ》っている。

ベートーベンが人類に贈《おく》ってくれた「歓喜《かんき》の歌」も、母《はは》の慈愛《じあい》あればこそ誕生《たんじょう》したのである。

明年《みょうねん》は、「希望の太陽」たる婦人部の結成《けっせい》から、晴《は》れの七十周年《しゅうねん》となる。どんな大変《たいへん》な時にも、微笑《ほほえ》みを忘《わす》れず、皆《みな》を温かく包《つつ》んでくれる創価の母《はは》たちに、私は、あの「歓喜《かんき》の歌」を捧《ささ》げたい思いである。

*

日蓮大聖人の御聖誕《ごせいたん》の八百年を前にした、この師走《しわす》、木星《もくせい》と土星《どせい》が仲良《なかよ》く大接近《だいせっきん》して、夕空《ゆうぞら》に輝《かがや》きを放《はな》った。

実《じつ》は、目に見えて、これほど近《ちか》づくのは約《やく》八百年ぶりということだ。前回は一二二六年（嘉禄《かろく》二年）で、数《かぞ》え年《どし》五歳であられた大聖人《だいしょうにん》も御覧《ごらん》になったかもしれないと、ロマンは広がる。

二十七年前（一九九三年）、御本仏御聖誕《ごほんぶつごせいたん》の二月十六日を、日本から地理《ちり》的《てき》に最《もっと》も遠《とお》い南米《なんべい》アルゼンチンの友と祝賀《しゅくが》したことが思い出される。

共々に「日輪《にちりん》・東方《とうほう》の空に出《い》でさせ給《たま》へば南浮《なんぶ》の空・皆明《みなあきら》かなり大光《たいこう》を備《そな》へ給へる故《ゆえ》なり」（御書八八三ジペー）の御聖訓《ごせいくん》を拝《はい》し、「心広々《ひろびろ》と太陽のように明るく、全国土《ぜんこくど》、全民衆《ぜんみんしゅう》に希望の光彩《こうさい》を送ろう」と語り合った。

その通《とお》り、アルゼンチンをはじめ中南米《ちゅうなんべい》さらに全世界の同志《どうし》は、「太陽の仏法」の大光《たいこう》でいよいよ社会を照《て》らしている。

同国《どうこく》の人権活動家《じんけんかつどうか》エスキベル博士も学会の創立《そうりつ》記念日にメッセージを寄《よ》せ、不安《ふあん》、絶望等《ぜつぼうとう》の迷宮《めいきゅう》の中で大切《たいせつ》なのは、異《こと》なる視点《してん》から〝出口《でぐち》を見つける〟力《ちから》だと強調《きょうちょう》された。

そして、「どうか、人生において笑顔《えがお》を絶《た》やさないでください。最《もっと》も困《こん》難《なん》な時こそ、前進し続《つづ》けなくてはなりません。私たちは常《つね》にその『希望の力《ちから》』で、より良《よ》い世界を築《きず》くことができるのです」と語ってくださった。その希望の担《にな》い手《て》として、博士が讃《たた》えられたのが創価の青年である。五大州《ごだいしゅう》を結《むす》んだ世界青年部総会を経《へ》て、男子部も、女子部も、学生部も、皆《みな》、新時代開拓《しんじだいかいたく》へ先駆《せんく》してくれた。未来部も立派《りっぱ》に成長している。

新《あら》たに始動《しどう》した青年部の「新・人間革命」世代《せだい》プロジェクトも、皆《みな》で最《さい》大《だい》に応援《おうえん》していきたい。

*

この苦難《くなん》の一年にあっても、後継《こうけい》の若人《わこうど》たちを先頭《せんとう》に、世界広布《こうふ》は確実《かくじつ》に進んでいる。我《われ》らの価値《かち》の創造《そうぞう》に限界《げんかい》はない。

「大智度論《だいちどろん》」には、大乗菩薩《だいじょうぼさつ》の根本精神《こんぽんせいしん》として、「大誓願《だいせいがん》あり、心動《こころうご》かす可《べ》からず、精進《しょうじん》して退《しりぞ》かず、是《こ》の三事《さんじ》を以《もっ》て、名《なづ》けて菩提薩埵《ぼだいさった》と為《な》す」と記《しる》されている。

第一に「広布《こうふ》の誓《ちか》い」。

第二に「不退《ふたい》の決意」。

第三に「勇猛精進《ゆうみょうしょうじん》」。

この三条件のもとで、我《われ》らの胸中《きょうちゅう》に宿《やど》る偉大《いだい》な力《ちから》が脈動《みゃくどう》し始めるのだ。

文豪《ぶんごう》ビクトル・ユゴーは、亡命《ぼうめい》の苦難《くなん》の渦中《かちゅう》、民衆《みんしゅう》へ呼《よ》び掛《か》けた。

「逆境《ぎゃっきょう》にあっては、まさに、かく叫《さけ》ばねばならぬ、『希望！　希望！　また希望！』と」(3)

そして、「仏法は勝負《しょうぶ》」であるがゆえに、我《われ》らはいやまして誇《ほこ》り高く――「勝利！　勝利！　また勝利！」と、勇《いさ》んで出発しようではないか。

新しき朝《あした》へ、元初《がんじょ》の誓《ちか》いの「希望・勝利の峰《みね》」へ！

（1）『新編ベートーヴェンの手紙』上、小松雄一郎編訳、岩波書店
（2）青木やよひ編著『図説ベートーヴェン』河出書房新社
（3）ユゴー全集刊行会編『ユーゴー全集』9、神津道一訳、ユーゴー全集刊行会。現代表記に改めた。

恩師《おんし》の生誕《せいたん》百二十周年《しゅうねん》

いざ往《ゆ》かん　広布《こうふ》の大願《だいがん》を胸《むね》に

二〇二〇年二月七日

青年の歌声こそ、希望の暁鐘《ぎょうしょう》である。

いかなる吹雪《ふぶき》の闇夜《やみよ》も越《こ》え、新《あら》たな黎明《れいめい》を決然《けつぜん》と告《つ》げゆく響《ひび》きなのだ。

この一月、欧州《おうしゅう》の青年たちが届《とど》けてくれた、素晴《すば》らしい歌声を聴《き》いた。

ドイツのフランクフルトに三十五カ国の代表《だいひょう》が集《つど》った欧州広布《おうしゅうこうふ》サミットの際《さい》、男女青年部の友が披露《ひろう》した新しい愛唱歌《あいしょうか》「トーチベアラーズ〈松明《たいまつ》を持つ人〉」である。

「私たちは正義《せいぎ》の松明《たいまつ》を持つ人　正義のために立つ」「勇気の松明を持つ

人　光《ひか》り輝《かがや》くために戦う」「自由の松明を持つ人　全人類のために」と、誇《ほこ》り高く謳《うた》われている。

作詞《さくし》に当《あ》たり、青年たちは、恩師《おんし》・戸田城聖《じょうせい》先生が法難《ほうなん》を戦い越《こ》える中で作られた「同志の歌」を学び合ったという。

「旗《はた》持つ若人《わこうど》」よ「競《きそ》うて来《き》たれ」という恩師《おんし》の熱願《ねつがん》に呼応《こおう》して、一人《ひとり》ひとりが「仏法の人間主義《しゅぎ》の旗《はた》」「広布大願《こうふだいがん》の松明《たいまつ》」を持つ若人たらんとの決意を込《こ》めたのだ。

その心を戸田先生に届《とど》ける思いで、私は何度《なんど》も何度も聴《き》いた。

一九〇〇年（明治三十三年）に戸田先生が誕生《たんじょう》されてより、この二月十一日で満《まん》百二十年――。

先生が呼《よ》び出《いだ》された地涌《じゆ》の陣列《じんれつ》は、今、地球を大きく包《つつ》み始めた。

恩師《おんし》が願ってやまなかった人類史の平和と人道《じんどう》の黎明《れいめい》を、若《わか》き創価の世界市民の歌声が告《つ》げてくれているのである。

*

「いざ往《ゆ》かん
　月氏《がっし》の果《はて》まで
　　妙法《みょうほう》を
　拡《ひろ》むる旅《たび》に
　　心勇《いさ》みて」

この和歌《わか》を、戸田先生が詠《よ》まれたのは、一九五二年（昭和二十七年）の一月であった。

さらに、「地球民族主義《しゅぎ》」という先見《せんけん》を提唱《ていしょう》されたのは、翌《よく》二月。男女合同の青年部研究《けんきゅう》発表会の席上である。

朝鮮戦争《ちょうせんせんそう》（韓国《かんこく》戦争）の痛《いた》ましい悲劇《ひげき》が打《う》ち続《つづ》く中で、アジアと世界の民衆《みんしゅう》の苦悩《くのう》を、いかに打開《だかい》するか、妙法流布《みょうほうるふ》と人類共生《きょうせい》の未来を見つめて、

東京

先生の頭脳《ずのう》はフル回転《かいてん》していたのだ。

青年に遠大《えんだい》なビジョンを示《しめ》されながら、日々、先生が精魂《せいこん》を注《そそ》がれたのは、目の前の一人《ひとり》を救《すく》うことであった。

つまり一対一の励《はげ》ましであり、折伏《しゃくぶく》である。

御本仏《ごほんぶつ》は――

「一切衆生《いっさいしゅじょう》の同一苦《どういつく》は悉《ことごと》く是《これ》日蓮一人の苦」（御書五八七ジペー）

「一切衆生《いっさいしゅじょう》の異《い》の苦を受くるは悉《ことごと》く是《こ》れ日蓮一人の苦」（御書七五八ジペー）

と仰《おお》せである。

この大聖人のお心を体《たい》し、現実《げんじつ》に渦巻《うずま》く病苦《びょうく》や経済苦《けいざいく》、家庭不和《ふわ》など、あらゆる庶民《しょみん》の苦悩《くのう》に、先生《せんせい》は真《ま》っ向《こう》から挑《いど》まれた。人類の「宿命転換《しゅくめいてんかん》」も、一人《ひとり》の「人間革命」から始まるからだ。

当時、先生は弟子《でし》たちに語られた。

「みなさんは、幸福になりなさい」

そして「信心と折伏《しゃくぶく》をもって、戸田の一門《いちもん》として通《とお》しなさい」と。

しかし、折伏《しゃくぶく》は難事中《なんじちゅう》の難事である。

先生が願業《がんぎょう》とされた七十五万世帯《せたい》への道のりはあまりにも遠かった。

直弟子《じきでし》として二十四歳の私は、ただただ報恩《ほうおん》の一念《いちねん》で一人《ひとり》立った。

宿縁深《しゅくえんふか》き地元《じもと》の蒲田《かまた》支部の同志と、拡大《かくだい》の突破口《とっぱこう》を開く「二月闘争《とうそう》」を開始したのである。

＊

蒲田《かまた》支部の私たちは、祈《いの》りに祈った。歩《ある》きに歩いた。語りに語った。

学会歌を一緒《いっしょ》に口ずさみながら、もう一人《ひとり》、あと一軒《いっけん》と、対話に向かったことも思い出深《ぶか》い。

御義口伝《おんぎくでん》には、「妙法蓮華経」の五字を人間の身に配《はい》して、「足は経《きょう》なり」（御書七一六ジペー）と明《あ》かされている。法のため、友のために「自《みずか》ら動く」こと、「足を運《はこ》ぶ」ことから、妙法《みょうほう》の福徳《ふくとく》は大きく広がる。

わが同志は、日々の生活を必死《ひっし》にやりくりしながら、勝利の実証《じっしょう》を示《しめ》さんと奮闘《ふんとう》した。無理解《むりかい》な悪口《あっこう》を浴《あ》びても、相手の幸福を祈《いの》り、仏縁《ぶつえん》を忍耐《にんたい》強《づよ》く育《はぐく》み広げていった。

何《なん》とけなげな、何と尊《とうと》い方々《かたがた》であるか。

折伏《しゃくぶく》ができずに悩《なや》む。それは、まさに「仏《ほとけ》の悩み」そのものではないか。

「いまだこりず候《そうろう》」（御書一〇五六ジペー）と、皆《みな》で励《はげ》まし合った。一日また一日、勇気と誠実《せいじつ》の対話に挑《いど》み抜《ぬ》き、〝戸田先生に勝利の報告を！〟と走《はし》り切《き》った。そして当時、どの支部も破《やぶ》れなかった壁《かべ》を破り、一カ月で二百一世帯《せたい》という弘教《ぐきょう》を成《な》し遂《と》げたのである。

師匠《ししょう》の大願《だいがん》に、弟子《でし》が「心のギア」をがっちりとかみ合わせ、異体同心《いたいどうしん》で戦えば、計り知れない仏《ほとけ》の力《ちから》と功徳《くどく》が出る。必ず勝利できるのだ。

この信心の極意《ごくい》を全学会に示《しめ》したのが、二月闘争《とうそう》であるといってよい。

激戦《げきせん》の中、私は、一生涯《いっしょうがい》、いな永遠に、共戦《きょうせん》の友の人生の勝利を祈《いの》り続《つづ》けることを誓《ちか》った。

その方々《かたがた》の地涌《じゆ》の家族と眷属《けんぞく》が、日本はもとよりアメリカをはじめ世界へ広がり、広布後継《こうふこうけい》の道を歩《あゆ》まれていることは、何《なに》よりの喜《よろこ》びである。

アメリカでは先月《せんげつ》、フロリダ、ニューヨーク、ロサンゼルスで婦人部の研修会《けんしゅうかい》や幹部会が明《あか》るく賑《にぎ》やかに行《おこな》われた。その笑顔満開《えがおまんかい》の映像《えいぞう》を、妻《つま》と共に嬉《うれ》しく拝見《はいけん》した。

そこには、結成《けっせい》四十五周年《しゅうねん》を迎《むか》えた「SGI」発足《ほっそく》の原点《げんてん》の地であるグアムからも、代表《だいひょう》が勇《いさ》んで参加されていた。懐《なつ》かしい歴代《れきだい》の全米《ぜんべい》婦人部長と女子部長たちも、元気に集《つど》われていた。

「年《とし》は・わかう《若》なり福はかさなり候《そうろう》べし」（御書一一三五㌻）の素晴《すば》らしいスクラムに、妻《つま》は拍手《はくしゅ》を送り続《つづ》けていた。

二月闘争《とうそう》の渦中《かちゅう》に恩師《おんし》が教えてくださった「地球民族主義《しゅぎ》」は、私の対話を貫《つらぬ》く信条《しんじょう》である。

それは、人種差別撤廃《じんしゅさべつてっぱい》へ生涯《しょうがい》を懸《か》けたネルソン・マンデラ氏との語らいでも共鳴《きょうめい》を広げた。

*

思えば、この〝人権《じんけん》の巌窟王《がんくつおう》〟が獄窓《ごくそう》二十七年半もの苦難《くなん》を耐《た》え抜《ぬ》き、出獄《しゅつごく》されたのは、三十年前（一九九〇年）の二月十一日である。

奇《く》しくも戸田先生の生誕《せいたん》九十周年の日であり、先生の小説『人間革命』で、自《みずか》らをモデルとした作中人物《さくちゅうじんぶつ》を〝妙法《みょうほう》の巌窟王《がんくつおう》〟の意義《いぎ》から「巌九十翁《がんくつお》」と命名《めいめい》されたことが、私には偲《しの》ばれた。

この年の秋、初来日したマンデラ氏を青年たちと歓迎《かんげい》したことは、忘《わす》れ得《え》ぬ思い出である。五年後、新生《しんせい》・南アフリカ共和国《きょうわこく》の大統領《だいとうりょう》として再《ふた》び来日《らいにち》した折《おり》も、再会《さいかい》を喜《よろこ》び合った。

マンデラ氏は、獄中《ごくちゅう》で看守《かんしゅ》など何人《なんにん》もの迫害者《はくがいしゃ》を対話によって友人に変えながら、「反アパルトヘイト」（人種差別撤廃《じんしゅさべつてっぱい》）の勝利へ、たゆまぬ波《なみ》を起《お》こしていかれた。

その力《ちから》の源泉《げんせん》は、どこにあったのか。

どんな人間にも「けっして消《き》えない良識《りょうしき》の核《かく》があるということ、心に触《ふ》れる何《なに》かがあれば、その核が人間を変えてくれるものだ」[1]――この人間信《しん》頼《らい》の確信《かくしん》がカギとなったと氏は回想《かいそう》されている。

法華経に説かれる不軽菩薩《ふきょうぼさつ》が「人を敬《うやま》う」振《ふ》る舞《ま》いに徹《てっ》し抜《ぬ》いたのも、「万人《ばんにん》に仏性《ぶっしょう》あり」との揺《ゆ》るがぬ大確信《だいかくしん》に立っていたからである。

今、不軽菩薩《ふきょうぼさつ》さながら創価の若人《わこうど》が、生命《せいめい》の尊厳《そんげん》と平等《びょうどう》の連帯《れんたい》を、地球社会に組み広げている。

戸田先生とご一緒《いっしょ》に、マンデラ氏も、巌窟王《がんくつおう》の笑《え》みで見守っておられるように思えてならない。

*

中国《ちゅうごく》の周恩来総理《しゅうおんらいそうり》をはじめ世界の指導者と対話を重ねる中で、「ああ戸田先生と同世代《どうせだい》の方《かた》だ」と不思議《ふしぎ》な感慨《かんがい》を覚《おぼ》えたことが、幾《いく》たびかある。

アメリカの大実業家《だいじつぎょうか》アーマンド・ハマー氏もそうであった。

ハマー氏と親《した》しくお会いしたのは、マンデラ氏釈放《しゃくほう》のニュースに沸《わ》く一九九〇年二月、ロサンゼルスであった。当時、氏は九十一歳であられた。

東西冷戦終結《れいせんしゅうけつ》へ道筋《みちすじ》をつくったレーガン＝ゴルバチョフの米ソ首脳会談《しゅのうかいだん》を実現《じつげん》させた、立役者《たてやくしゃ》の一人《ひとり》である。

この首脳会談《しゅのうかいだん》の舞台裏《ぶたいうら》については、四カ月後、創価大学にお迎《むか》えした折《おり》、語ってくださった。

氏の行動《こうどう》を支《ささ》えてきたのは、「この豊《ゆた》かな地球に自分の力《ちから》でさらに何《なに》かを加《くわ》え、すべての人びとと共に人生の美しさと歓《よろこ》びを分《わ》かち合いたかった」[2]という願いだ。

ハマー氏ら、私が縁《えにし》を結《むす》んだ恩師《おんし》と同世代《どうせだい》の巨人《きょじん》たちが最晩年《さいばんねん》、揃《そろ》って未来への希望を託《たく》してくださったのが、わが創価学会であり、SGIなのである。

＊

恩師《おんし》と拝《はい》した忘《わす》れ得《え》ぬ御聖訓《ごせいくん》に、「仏《ほとけ》の寿命《じゅみょう》・百二十まで世《よ》にましますべかりしが八十にして入滅《にゅうめつ》し、残る所《ところ》の四十年の寿命を留《とど》め置《お》きて我等《われら》に与《あた》へ給《たも》ふ恩《おん》」（御書九三八ジ《ペー》）とある。

学会は恩師《おんし》が〝命《いのち》より大切な組織《そしき》〟と留《とど》め遺《のこ》された仏勅《ぶっちょく》の教団《きょうだん》である。

生誕《せいたん》百二十年の師《し》の御命《おんいのち》は、創価の和合僧《わごうそう》に厳然《げんぜん》と脈打《みゃくう》っている。不二《ふに》の我《われ》らが大法弘通慈折広宣流布《だいほうぐつうじしゃくこうせんるふ》の大願《だいがん》へ、異体同心《いたいどうしん》の団結で進む中で、無限《むげん》の智慧《ちえ》と力《ちから》が満々《まんまん》と漲《みなぎ》りわたるのだ。

「伝統《でんとう》の二月」、寒風《かんぷう》にも凜然《りんぜん》と先駆《さきが》けの梅花《ばいか》がほころび始めた。

さあ、誓《ちか》いの友と勇気に燃《も》えて前進だ。妙法《みょうほう》の大功力《だいくりき》を社会に世界に薫《かお》らせ、歓喜《かんき》の「春の曲」を奏《かな》でようではないか！

（1）『自由への長い道　ネルソン・マンデラ自伝』下、東江一紀訳、日本放送出版協会
（2）アーマンド・ハマー著『ドクター・ハマー』広瀬隆訳、ダイヤモンド社

広布誓願《こうふせいがん》の大生命《だいせいめい》

合言葉は「前進また前進！」

二〇一九年六月二十日

梅雨《つゆ》の晴《は》れ間《ま》が広がった先週《せんしゅう》十三日、街路樹《がいろじゅ》の緑《みどり》もまぶしい都心《としん》の街《まち》を車で回《まわ》った。

ふと見上げると、空の「青」がビルの窓《まど》に映《うつ》り込《こ》んでいた。天空《てんくう》に青、地上《ちじょう》にも青。ああ青春の色、希望の色だ——私は思わずカメラを向けた。

希望は人生の宝《たから》なり。
希望は社会の光《ひかり》なり。
希望は勝利の力《ちから》なり。

ドイツの大詩人《だいしじん》シラーは「希望」を歌った。

「希望は人に生《せい》をあたへ」「まばゆい光《ひか》りで青年を鼓舞《こぶ》し／老年《ろうねん》とともに埋《う》もれもしない」(1)

この詩歌《しいか》さながらに、民衆《みんしゅう》の心に希望の灯《ひ》を明々《あかあか》と点《とも》し続《つづ》けているのが、創価家族である。

男女青年部は、まさにまばゆい光《ひかり》を放《はな》ち、尊《とうと》き多宝《たほう》の父母《ちちはは》たちも青春の誓《ちか》いのままに、奮闘《ふんとう》の汗《あせ》を流してくれている。

広宣流布《こうせんるふ》の大誓願《だいせいがん》に生き抜く地涌《じゆ》の菩薩《ぼさつ》の群像《ぐんぞう》にこそ、決《けっ》して埋《う》もれることのない、どこまでも燃《も》え広がりゆく希望の炎《ほのお》があるのだ。

＊

各地から蓮華《れんげ》の花便《はなだよ》りが届《とど》く季節《きせつ》となった。

法華経の会座《えざ》に大地より躍《おど》り出《い》でた地涌《じゆ》の菩薩《ぼさつ》は「如蓮華在水《にょれんげざいすい》」、すなわち最《もっと》も深《ふか》い泥水《どろみず》の中でも最も清《きよ》らかな花を咲《さ》かせる蓮華に譬《たと》えられる。

苦悩渦巻《くのううずま》く現実《げんじつ》生活にあって、仕事《しごと》で悪戦苦闘《あくせんくとう》する友も、経済苦《けいざいく》に挑《いど》む友もいる。病《やまい》と闘《たたか》う友も、家族を失《うしな》った友もいる。子育てに追《お》われる友も、介護《かいご》に尽《つ》くす友もいる。

皆《みな》、それぞれに言い知れぬ悩《なや》みを抱《かか》え、多忙《たぼう》を極《きわ》める中で、それでも、広宣流布《こうせんるふ》のため、立正安国《りっしょうあんこく》のためにと労《ろう》を惜《お》しまず奔走《ほんそう》する日々である。

牧口先生が大切にしておられた「御義口伝《おんぎくでん》」の一節《いっせつ》がある。戦時中《せんじちゅう》の弾圧《あつ》で押収《おうしゅう》された御書に線《せん》が引《ひ》かれていた。

それは、すなわち「煩悩《ぼんのう》の淤泥《おでい》の中に真如《しんにょ》の仏《ほとけ》あり我等《われら》衆生《しゅじょう》の事《こと》なり」（御書七四〇ジペー）と。

泥沼《どろぬま》の如《ごと》き社会に、あえて打《う》って出る立正安国《りっしょうあんこく》の大闘争《だいとうそう》こそ、自他共《じたとも》に「真如《しんにょ》の仏《ほとけ》」の大生命《だいせいめい》を馥郁《ふくいく》と開花《かいか》させゆく希望の道なのである。

＊

全《すべ》ては、日蓮大聖人がお見通《みとお》しであられる。

門下《もんか》の四条金吾《しじょうきんご》と日眼女《にちげんにょ》の夫妻《ふさい》を「陰徳《いんとく》あれば陽報《ようほう》あり」（御書一一八〇ページ）と賞讃《しょうさん》されたように冥《みょう》の照覧《しょうらん》は絶対《ぜったい》である。

日本中、世界中の創価の陣列《じんれつ》には、この四条金吾夫妻《しじょうきんごふさい》を彷彿《ほうふつ》とさせる陰徳陽報《いんとくようほう》の同志がいる。

私は、その尊《とうと》き「負《ま》けじ魂《だましい》」の宝友《ほうゆう》たちの顔《かんばせ》を心に浮《う》かべつつ、金吾夫妻《きんごふさい》への御聖訓《ごせいくん》を拝《はい》するのが常《つね》である。

大聖人は言われた。

「返《かえ》す返《がえ》す今に忘《わす》れぬ事《こと》は頸切《くびきら》れんとせし時殿《との》はとも《供》して馬の口《くち》に付きて・なき《泣》かなし《悲》み給《たま》いしをば・いかなる世《よ》にか忘《わす》れなん」（御書一一七三ページ）

竜《たつ》の口《くち》の法難《ほうなん》で馬に乗《の》せられて処刑場《しょけいじょう》に向かう際《さい》に、馬の口に取りすが

東京

って泣《な》き悲しんでくれたことを、永遠に忘《わす》れない――との仰《おお》せである。

その上で、大聖人は、世間《せけん》が過ごしにくいなどと嘆《なげ》いて、人に聞かせてはならないと諭《さと》され、さらなる仏道修行《ぶつどうしゅぎょう》へと導《みちび》く大激励《だいげきれい》をされている。

「中務三郎左衛門尉《なかつかささぶろうざえもんのじょう》は主《しゅ》の御《おん》ためにも仏法の御ためにも世間《せけん》の心ね《根》もよ《吉》かりけり・よかりけりと鎌倉《かまくら》の人人《ひとびと》の口《くち》にうたはれ給《たま》へ」「心の財《たから》をつませ給《たも》うべし」（御書一一七三ページ）等々《とうとう》――。

皆《みな》、凡夫《ぼんぷ》であるから、愚痴《ぐち》をこぼす時もある。感情《かんじょう》に流されたり、つい調子《ちょうし》に乗《の》って失敗《しっぱい》したりする場合《ばあい》もある。

だからこそ、御本仏《ごほんぶつ》は何《なん》としても愛弟子《まなでし》を最後まで勝《か》ち切《き》らせたいと、油断《ゆだん》や慢心《まんしん》を厳《きび》しく細《こま》やかに戒《いまし》めておられる。

「人の振舞《ふるまい》」を大事にし、いやまして「心の財《たから》」を積《つ》むよう御指南《ごしなん》してくださっているのだ。

わが門下《もんか》よ、師弟不二《していふに》の「共戦《きょうせん》」の誉《ほま》れの上に、いよいよ師弟不二の

「勝利」を満天下《まんてんか》に示《しめ》し切《き》っていくのだ、と。

どこまでも弟子《でし》の勝利を願い信じる大慈大悲《だいじだいひ》が拝《はい》されてならない。

＊

あの「大阪《おおさか》の戦い」の渦中《かちゅう》、破竹《はちく》の勢《いきお》いで広布拡大《こうふかくだい》を成《な》し遂《と》げた関西《かんさい》の同志に、私は波瀾万丈《はらんばんじょう》のナポレオンの人生を通《とお》して語った。

妙法流布《みょうほうるふ》に生き抜く、我《われ》らの「前進また前進」こそが人類の平和を築《きず》きゆく希望なのだ、と。

人間として最《もっと》も崇高《すうこう》な使命《しめい》に目覚《めざ》めた民衆《みんしゅう》の大前進は、「魔競《まきそ》はずは正《しょう》法《ほう》と知るべからず」（御書一〇八七ジペー）との御金言《ごきんげん》に寸分違《すんぶんたが》わず、三障四魔《さんしょうしま》の嵐《あらし》を呼《よ》び起《お》こした。

この時、関西入《かんさいい》りされた恩師《おんし》・戸田城聖《じょうせい》先生は、大阪《おおさか》・中之島《なかのしま》の中央公会堂で師子吼《ししく》された。

――いかに学会を憎《にく》もうと、陥《おとしい》れようと、誰人《たれびと》が騒《さわ》ごうと、我《われ》らは師子《しし》王《おう》だ。野良犬《のらいぬ》を恐《おそ》れて何《なん》としようぞ！――と。

魔《ま》を断《た》ち切《き》る、正義《せいぎ》と大確信《だいかくしん》の叫《さけ》び、邪悪《じゃあく》を許《ゆる》さぬ烈火《れっか》の怒《いか》り……恩師《おんし》の声が今も蘇《よみがえ》る。同志がどんなに安堵《あんど》し、希望と勇気を抱《いだ》いたことか。

これが、広布《こうふ》の陣頭指揮《じんとうしき》を執《と》る大将軍《だいしょうぐん》の気概《きがい》であらねばならない。

*

本年（二〇一九年）はナポレオン誕生《たんじょう》二百五十年――。

ナポレオンの〝アルプス越《ご》え〟は世界史上《しじょう》に名高いが、日本では一《いち》ノ谷《たに》の合戦《かっせん》における源義経《みなもとのよしつね》の〝鵯越《ひよどりごえ》〟の奇襲戦《きしゅうせん》が思い浮《う》かぶ。六甲山地《ろっこうさんち》に抱《いだ》かれた、現在の兵庫県神戸市域《ひょうごけんこうべしいき》が舞台《ぶたい》である。

〝あんな場所から攻《せ》めるのは不可能《ふかのう》〟と誰《だれ》もが怖《お》じ気《け》づく難所《なんしょ》。しかし義経《よしつね》は鹿《しか》が通《とお》ると聞いて言った。ならば馬が通れぬはずはない、と。

道はある。自分が先陣《せんじん》を切《き》ろう！——この決断《けつだん》と率先《そっせん》の行動《こうどう》が突破口《とっぱこう》を開いたのだ。

「勇気があれば、道はいつでも拓《ひら》ける」(2)とは、アメリカの哲人《てつじん》エマソンがナポレオンの人生から導《みちび》き出《だ》した教訓《きょうくん》である。

勝つと一念《いちねん》を定《さだ》めた人間ほど強《つよ》いものはない。

我《われ》らには「なにの兵法《へいほう》よりも法華経の兵法を」（御書一一九二ジペー）と教えられた常勝不敗《じょうしょうふはい》の将軍学《しょうぐんがく》がある。かつて、この御指南《ごしなん》を胸《むね》に、兵庫《ひょうご》の播磨《はりま》・加古川《かこがわ》へ、姫路《ひめじ》、西宮《にしのみや》等へと駆《か》けたことも忘《わす》れられない。恐《おそ》れなき勇《ゆう》者《しゃ》の信心に、勝利への勢《いきお》いは必ず加速《かそく》していくのだ。

＊

戸田先生が逝去《せいきょ》された翌年《よくねん》（一九五九年）——つまり六十年前の六月、私は〝大関西《だいかんさい》の電源地《でんげんち》なり〟と信頼《しんらい》してやまない尼崎《あまがさき》にいた。

関西《かんさい》の総支部幹部会に出席し、恩師《おんし》なき学会への心ない中傷《ちゅうしょう》が続《つづ》く中、歯《は》を食《く》いしばって戦ってきた同志に、戸田先生からの記別《きべつ》を伝《つた》えた。

「関西《かんさい》は広宣流布《こうせんるふ》の牙城《がじょう》である。錦州城《きんしゅうじょう》だ」

いついかなる時にも、私には常勝《じょうしょう》の同志がいる。私と共に逆境《ぎゃっきょう》をはね返してきた、難攻不落《なんこうふらく》の「金《きん》の城《しろ》」の戦友《せんゆう》がいる。

「立正安国《りっしょうあんこく》」という大理想《だいりそう》への我《われ》らの建設《けんせつ》は、誰《だれ》もが波濤《はとう》を越《こ》えて、自《じ》他共《たとも》の勝利と幸福へ至《いた》る高き橋《はし》を築《きず》く戦いだ。

私は五十一年前、明石《あかし》・淡路《あわじ》、また北兵庫《きたひょうご》の豊岡《とよおか》の友のもとへ飛《と》び込《こ》んでいった。「広宣流布《こうせんるふ》に生きる人生が、どれほど素晴《すば》らしく、偉大《いだい》な名誉であり、福運《ふくうん》であるか」——この大歓喜《だいかんき》を全同志が味《あじ》わってほしかった。

そのために、「自他彼此《じたひし》の心なく水魚《すいぎょ》の思《おも》を成《な》して」（御書一三三七ジペー）進むのだ。「異体同心《いたいどうしん》」で勝ちまくるのだ！　これが我《われ》らの大兵庫《だいひょうご》であり、不二《ふに》の常勝関西《じょうしょうかんさい》である。

＊

一九九〇年の六月、懐《なつ》かしい東兵庫《ひがしひょうご》を走《はし》り、丹波《たんば》の関西墓園《かんさいぼえん》を初訪問《はつほうもん》した折《おり》、道すがら、野の花を摘《つ》んで花束《はなたば》をつくり、歓迎《かんげい》してくれた高等部の乙女《おとめ》がいた。

私は妻《つま》と感謝《かんしゃ》を込《こ》め、

「れんげ草《そう》
　香《かお》り千年
　功徳《くどく》千年
　父《ちち》に母《はは》に友に
　　よろしく」

と記《しる》し、贈《おく》った。

「れんげ草《そう》」には、「因果倶時《いんがぐじ》」の蓮華《れんげ》の意義《いぎ》を留《とど》めたのである。

今、立派《りっぱ》な女性リーダーとして、ご家族、地域《ちいき》の友と元気に功徳《くどく》の花を咲《さ》かせている様子《ようす》を、先日もうれしく伺《うかが》った。

妙法《みょうほう》は「末法《まっぽう》一万年の衆生《しゅじょう》まで成仏《じょうぶつ》せしむる」（御書七二〇ジペー）究極《きゅうきょく》の希望の極理《ごくり》である。

我《われ》らは「前進また前進」「希望また希望」を合言葉に、威風《いふう》も堂々《どうどう》と舞《ま》いゆこう！

一切《いっさい》を断固《だんこ》と勝ち切って、「人間革命」即《そく》「立正安国《りっしょうあんこく》」の希望の物語《ものがたり》を世界へ、未来へ、光《ひか》らせゆこうではないか！

（1）『新編シラー詩抄』小栗孝則訳、改造社
（2）「代表的人間像」酒本雅之訳、『エマソン選集』6、所収、日本教文社

心と心結《むす》ぶ大使命《だいしめい》

波濤《はとう》を越《こ》えて！　希望の大航海《だいこうかい》

二〇二〇年四月二十日

はじめに、新型《しんがた》コロナウイルスの感染症《かんせんしょう》により亡《な》くなられた世界の全《すべ》ての犠牲者《ぎせいしゃ》を追悼《ついとう》し、心から追善回向《ついぜんえこう》の題目《だいもく》を送らせていただきます。

とともに、昼夜《ちゅうや》を分《わ》かたず、命《いのち》を守る最前線《さいぜんせん》で奮闘《ふんとう》されている医療《いりょう》関係の方々《かたがた》をはじめ、社会のありとあらゆる分野《ぶんや》で尊《とうと》き使命《しめい》を遂行《すいこう》されている皆様方《みなさまがた》に満腔《まんこう》の感謝《かんしゃ》を捧《ささ》げ、健康と無事安穏《あんのん》を強盛《ごうじょう》に祈《いの》ります。

＊

師《し》・戸田城聖《じょうせい》先生の事業《じぎょう》が最《もっと》も厳《きび》しい苦境《くきょう》の渦中《かちゅう》、師弟《してい》二人で聖教新聞の発刊《はっかん》へ構想《こうそう》を温《あたた》めていた時のことである。

「なぜ、日蓮大聖人の一門《いちもん》は、あれほどの大難《だいなん》の連続《れんぞく》も勝ち越えることができたのか。

大作《だいさく》はどう思うか？」

戸田先生は、そう尋《たず》ねられながら、私に御書を開いて示《しめ》された。

自然災害《しぜんさいがい》、食糧難《しょくりょうなん》、さらに疫病《えきびょう》の流行《りゅうこう》などが打《う》ち続《つづ》くなか、遠《とお》く離《はな》れた佐渡《さど》の千日尼《せんにちあま》へ送られた御返事《ごへんじ》である。

「心は此《こ》の国（甲斐《かい》の国）に来《きた》れり、仏《ほとけ》に成《な》る道も此《か》くの如《ごと》し、我等《われら》は穢土《えど》に候《そうら》へども心は霊山《りょうぜん》に住《すむ》べし、御面《おんかお》を見てはなにかせん心こそ大切に候へ」（御書一三一六ジ゙）

大聖人は会えない門下《もんか》にも、文字《もじ》の力《ちから》で、まさに顔を合わせた対話と同じように激励《げきれい》され、心を通わせておられたのだ。

戸田先生は力《ちから》を込《こ》めて言われた。

「大聖人は、お手紙を書いて書いて書き抜《ぬ》かれて、一人《ひとり》ひとりを励《はげ》まし続《つづ》けられた。だから、どんな人生と社会の試練《しれん》にも、皆《みな》、負《ま》けなかった。

この大聖人のお心を体《たい》した新聞を、大作《だいさく》、大きく作ろうではないか！」

あれから七十星霜《せいそう》――聖教新聞は、毎日毎朝、「太陽の仏法」の光《ひかり》を、赫々《かっかく》と、あの地にもこの家《いえ》にも届《とど》けている。

緊急事態宣言《きんきゅうじたいせんげん》のもと、たとえ会えなくても、集《つど》えなくても、聖教新聞を通《とお》し、創価家族の心と心は結《むす》ばれているのだ。

共に試練《しれん》に立ち向かう全世界の宝友《ほうゆう》の「異体同心《いたいどうしん》」の絆《きずな》も、紙面《しめん》で写真で一段《いちだん》と強《つよ》まっている。

これも、なかんずく、雨の日も風の日も大切に配達《はいたつ》してくださる、尊《とうと》き〝無冠《むかん》の友〟の皆様方《みなさまがた》のおかげである。

世界聖教会館が完成してから最初《さいしょ》に迎《むか》える創刊《そうかん》記念日に際《さい》し、私は最大《さいだい》に御礼《おんれい》を申《もう》し上《あ》げたい。

本当にありがとう！

*

学会の前進は、仏意仏勅《ぶついぶっちょく》なるゆえに、不思議《ふしぎ》なリズムに則《のっと》っている。

思えば、初代《しょだい》・牧口常三郎《つねさぶろう》先生が新潟県《にいがたけん》に誕生《たんじょう》された一八七一年（明治四年）は、日蓮大聖人の佐渡流罪《さどるざい》（文永《ぶんえい》八年）から六百年であった。

二代・戸田城聖《じょうせい》先生が発願《ほつがん》され、大聖人の御書が発刊《はっかん》された一九五二年（昭和二十七年）は、立宗宣言《りっしゅうせんげん》（建長《けんちょう》五年）から七百年の慶祝《けいしゅく》の年である。

後継《こうけい》の私が青年を代表し、第三代として前進の指揮《しき》を執《と》り始めた一九六〇年（昭和三十五年）は「立正安国論《りっしょうあんこくろん》」による諫暁《かんぎょう》（文応《ぶんおう》元年）から七百年であった。

大聖人は「天変地夭《てんぺんちよう》・飢饉疫癘《ききんえきれい》」に憤悱《ふんぴ》され、「立正《りっしょう》」すなわち生命尊《せいめいそん》厳《げん》の大哲理《だいてつり》を打《う》ち立《た》て、「安国《あんこく》」すなわち全民衆《ぜんみんしゅう》の幸福と世界平和の宝土《ほうど》の建設《けんせつ》を願われた。

その人類の宿命転換《しゅくめいてんかん》へ、いよいよの挑戦《ちょうせん》を開始したのだ。それは、何《なに》よりも正義《せいぎ》と真実《しんじつ》を師子吼《ししく》する「言論戦《げんろんせん》」であり「思想戦《しそう》」であった。

ゆえに、第三代会長就任《しゅうにん》と時を合わせ、私は聖教新聞の躍進《やくしん》に全力《ぜんりょく》を尽《つ》くすとともに、小説『人間革命』の執筆《しっぴつ》を深《ふか》く心に期《き》した。

「立正安国論《りっしょうあんこくろん》」では、「汝須《なんじすべから》く一身《いっしん》の安堵《あんど》を思わば先《ま》ず四表《しひょう》の静謐《せいひつ》を禱《いの》らん者《もの》か」（御書三一ジ《ペー》）と示《しめ》されている。

〝自分だけの幸福や安全《あんぜん》もなければ、他人《たにん》だけの不幸や危険《きけん》もない〟。この生命観《せいめいかん》に立って、社会と世界全体《ぜんたい》の安穏《あんのん》を祈《いの》り、尽《つ》くしていく人間主義《しゅぎ》の究極《きゅうきょく》の哲学《てつがく》を、我《われ》らは聖教新聞に掲《かか》げ、平和・文化《ぶんか》・教育の対話と連帯《れんたい》を広げてきたのだ。

＊

創刊《そうかん》七十周年を明年《みょうねん》（二〇二一年）に控《ひか》えた今、聖教は自他共《じたとも》の幸福の大道《だいどう》を示《しめ》し、読者《どくしゃ》に勇気と希望を贈《おく》る「生命凱歌《せいめいがいか》」の言論城《げんろんじょう》と聳《そび》え立《た》っている。

一昨年（二〇一八年）、小説『新・人間革命』全三十巻を完結《かんけつ》した折《おり》、私は全宝友《ぜんほうゆう》に、広宣流布《こうせんるふ》という民衆《みんしゅう》勝利の大叙事詩《だいじょじし》を、未来永遠に共々に綴《つづ》りゆこうと、呼《よ》び掛《か》けた。

聖教に躍動《やくどう》する日本と世界の同志の晴《は》れ姿《すがた》こそ、「人間革命」の黄金《おうごん》の日記文書《にっきもんじょ》なりと、私は妻《つま》と合掌《がっしょう》する思いで拝見《はいけん》する日々である。

とりわけ、人類が未曾有《みぞう》の脅威《きょうい》に直面《ちょくめん》している今日《こんにち》、わが聖教には、「変毒為薬《へんどくいやく》」と「価値創造《かちそうぞう》」の英知《えいち》を発信《はっしん》する大いなる使命《しめい》がある。

人間への「励《はげ》まし（エンカレッジ）」と「内発的《ないはってき》な力《ちから》の開花《かいか》（エンパワーメ

ント）」を促《うなが》す言葉を紡《つむ》ぎ、苦難《くなん》に負《ま》けない民衆《みんしゅう》の心と心をつなぐ柱《はしら》とならねばならない。

今、毎日の紙面《しめん》でも、日本国内はもとより世界の同志たちの奮闘《ふんとう》や社会貢献《こうけん》の様子《ようす》が伝えられ、懸命《けんめい》に艱難《かんなん》と戦う友に勇気の灯《ひ》をともしている。

どうすれば友を元気づけ、笑顔《えがお》にできるか――不撓不屈《ふとうふくつ》の世界市民の一念《いちねん》が、聖教新聞には結集《けっしゅう》しているのだ。

それは、仏《ほとけ》が常《つね》に人びとを賢《かしこ》く、幸せに、平和にしたいと願う「毎自作是念《まいじさぜねん》の悲願《ひがん》」（御書四六六ページ）にも通ずる。

御聖訓《ごせいくん》には「真実一切衆生《しんじついっさいしゅじょう》・色心《しきしん》の留難《るなん》を止《とど》むる秘術《ひじゅつ》は唯《ただ》南無妙法蓮華経なり」（御書一一七〇ページ）と仰《おお》せである。

我《われ》らは、この妙法《みょうほう》の大功力《だいくりき》で、地球上のいずこであれ、自他共《じたとも》の生命《せいめい》から、限《かぎ》りなく仏の智慧《ちえ》と力《ちから》を呼《よ》び出《いだ》しながら、何《なん》としても眼前《がんぜん》の色心《しきしん》の留《る》難《なん》を止《とど》めていきたい。

＊

六十年前（一九六〇年）の五月三日、第三代会長就任式《しゅうにんしき》で、私は、高く掲《かか》げられた戸田先生の遺影《いえい》を仰《あお》いだ。

〝断《だん》じて指揮《しき》を執《と》れ〟――恩師《おんし》の声を胸《むね》に響《ひび》かせ、世界広宣流布《こうせんるふ》の一歩前進へ、「ちかいし願《ねがい》やぶるべからず」（御書二三二ページ）と覚悟《かくご》を定《さだ》めた。

このわが出陣《しゅつじん》の「五月三日」を記念し、旧《きゅう》・学会本部のあった西神田《にしかんだ》の近くで、一枚《いちまい》の絵を購入《こうにゅう》した。

紺青《こんじょう》の大海原《おおうなばら》で、逆巻《さかま》く怒濤《どとう》と戦う「帆船《はんせん》」を描《えが》いたものである。

フーゴ・シュナース＝アルクイストという海洋画《かいようが》を得意《とくい》とするドイツ人画家《がか》の油彩画《ゆさいが》であった。

波風は吹《ふ》き荒《あ》れ、三本のマストの帆《ほ》はほとんど巻《ま》かれている。船体《せんたい》は激《はげ》しく荒海《あらうみ》に揺《ゆ》れ、甲板《かんぱん》を白い波しぶきが打《う》つ。今にも波にのまれるのか、

東京

逆風《ぎゃくふう》に挑《いど》み、危難《きなん》を乗《の》り切《き》るのか、生死《しょうじ》を懸《か》けた激闘《げきとう》だ。

進め、波瀾万丈《はらんばんじょう》の海を越《こ》えて！　師《し》と共に、同志と共に、民衆《みんしゅう》の勝利の朝を迎《むか》えるために！——これが、広布《こうふ》の大航海《だいこうかい》に三十二歳で船出《ふなで》した当時の心境《しんきょう》であった。

嬉《うれ》しいことに、日大講堂《にちだいこうどう》に集《つど》った友はもちろんのこと、わが同志たちは「地涌《じゆ》」の誓《ちか》いを分《わ》かち持ち、日本中で、さらに世界中で、創価の使命《しめい》に奮《ふる》い立《た》ってくれた。

人生の宿命《しゅくめい》の激浪《げきろう》にも耐《た》えた。「悪口罵詈《あっくめり》」「猶多怨嫉《ゆたおんしつ》」の経文通《きょうもんどお》りの烈風《れっぷう》も受けた。だが、五月三日の誓《ちか》いを思い出しては立ち上がり、私と共に「負《ま》けじ魂《だましい》」で祈《いの》り抜《ぬ》き、戦い抜き、断固《だんこ》として勝ち抜いてきた。

この地涌《じゆ》の師弟《してい》にみなぎる闘魂《とうこん》を、時代《じだい》の荒波《あらなみ》に敢然《かんぜん》と立ち向かう頼《たの》もしき後継《こうけい》の青年たちに、私は託《たく》したいのだ。

＊

世界一
最高峰《さいこうほう》の
ヒマラヤを
鶴《つる》は飛《と》び越《こ》え
使命《しめい》を果《は》たせり

晴《は》れわたる就任《しゅうにん》の五月三日の朝に詠《よ》んだ和歌《わか》である。

懐《なつ》かしき「戸田大学」の講義《こうぎ》で、恩師《おんし》は「須弥山《しゅみせん》に近づく鳥は金色《こんじき》となるなり」（御書一五三六ジペー）との御文《ごもん》を通《とお》し言われた。〝須弥山はいわばヒマラヤのことだよ、最高峰《さいこうほう》を目指《めざ》し、苦難《くなん》の山を越《こ》える戦いが自身を最高に輝《かがや》かせるのだ〟と。

あの白雪《はくせつ》の高嶺《たかね》に近づく鳥たちはどんなに輝《かがや》くだろう——私には、大きく翼《つばさ》を広げて舞《ま》いゆくツルの隊列《たいれつ》の姿《すがた》が思い描《えが》かれてならなかった。

広布《こうふ》の前途《ぜんと》に、いかなる試練《しれん》の山が立ちはだかろうとも、創価の師弟《してい》は慈悲《じひ》と哲理《てつり》の翼《つばさ》を広げ、勇敢《ゆうかん》に飛翔《ひしょう》しゆくのだ。

そして世界一の麗《うるわ》しき団結で、一切《いっさい》を勝ち越えて、生命《せいめい》の凱歌《がいか》を響《ひび》かせ、金色燦《こんじきさん》たる希望の大光《たいこう》を人類の未来へ贈《おく》りゆこうではないか!

創価の陣列《じんれつ》に力《ちから》あり

人間革命から人類の宿命転換《しゅくめいてんかん》へ

二〇一九年十二月二日

その日その朝、私は、師《し》から託《たく》されていた使命《しめい》を胸《むね》に、遠大《えんだい》なる走破《そうは》へ一歩を踏《ふ》み出《だ》した。

愛《あい》する沖縄《おきなわ》の天地《てんち》で、小説『人間革命』の執筆《しっぴつ》を始めたのである。

一九六四年（昭和三十九年）の十二月。日付《ひづけ》は恩師《おんし》・戸田先生の命日《めいにち》である二日と決めていた。世界広宣流布《こうせんるふ》の旅《たび》に出発したのも、会長就任《しゅうにん》の年、十月の二日である。

恩師《おんし》の「妙悟空《みょうごくう》」の筆名《ひつめい》を「法《ほう》悟空」として引《ひ》き継《つ》いだ『人間革命』は、それ自体《じたい》が師弟継承《していけいしょう》の物語《ものがたり》といってよい。

師《し》の厳《きび》しくも温かな眼差《まなざ》しを常《つね》に感じながら、先生ならどうされるかを常に問《と》いながら、ペンの闘争《とうそう》に打《う》って出たのだ。

*

五十五年前、沖縄《おきなわ》本部の小さな和室《わしつ》の文机《ふみづくえ》で書き起《お》こした「黎明《れいめい》」の章《しょう》は、沖縄の宝友《ほうゆう》たちとの共戦譜《きょうせんふ》そのものである。

前夜の地区部長会では「国土世間《こくどせけん》を変えゆく要諦《ようてい》は、人間革命にある。必ず沖縄《おきなわ》を、平和と繁栄《はんえい》の、模範《もはん》の社会に！」と語り合った。

戦争《せんそう》で両親を亡《な》くした青年部の友には、恩師《おんし》の和歌《わか》を書き贈《おく》った。

「辛《つら》くとも
歎《なげ》くな友よ

明日《あす》の日に
広宣流布《こうせんるふ》の
楽土《らくど》をぞ見ん」

最初《さいしょ》の原稿《げんこう》を書き上げた午後には、学生部の友と固《かた》い握手《あくしゅ》を交《か》わした。その英才《えいさい》たちが中核《ちゅうかく》となって、十年後、青年部の反戦《はんせん》出版の第一弾《だん》となる『打《う》ち砕《くだ》かれし うるま島《じま》』を発刊《はっかん》してくれたのである。

共戦《きょうせん》の五十五年の歳月《さいげつ》、大誠実《だいせいじつ》の沖縄《おきなわ》家族は一人《ひとり》ひとりが自《みずか》らの人間革命に挑《いど》みながら、人類の希望と光《ひか》る楽土《らくど》の建設《けんせつ》へ、「命《いのち》をかけて ひと筋《すじ》に」走《はし》り続けてくれた。

明年《みょうねん》(二〇二〇年)は、沖縄《おきなわ》支部の結成《けっせい》六十周年でもある。今再《ふたた》び沖縄から、広宣流布《こうせんるふ》と立正安国《りっしょうあんこく》の新《あら》たな「黎明《れいめい》」が世界へ広がりゆくことを、私は強盛《ごうじょう》に祈《いの》ってやまない。

＊

創立《そうりつ》九十周年へ、わが同志は今、威風堂々《いふうどうどう》の大前進を開始している。「先駆《せんく》」の大九州《だいきゅうしゅう》も、「常勝《じょうしょう》」の大関西《だいかんさい》も、意気《いき》と歓喜《かんき》にみなぎる美事《みごと》な総会であった。

日本全国いずこでも、新進気鋭《しんしんきえい》のリーダーが誕生《たんじょう》し、百戦錬磨《ひゃくせんれんま》の先輩《せんぱい》と共に、御本仏《ごほんぶつ》から任《まか》された「其《そ》の国《くに》の仏法」（御書一四六七ジペー）のために奮《ふん》闘《とう》している。頼《たの》もしい限《かぎ》りだ。

最晩年《さいばんねん》、「もう何《なに》もいらない。ただ人材が欲《ほ》しい」と語られていた戸田先生がどんなに喜《よろこ》ばれているか。

戸田先生が線《せん》を引《ひ》き、二重丸《にじゅうまる》を付《ふ》して大切にされていた有名な御聖訓《ごせいくん》がある。

「妙法蓮華経の五字・末法《まっぽう》の始《はじめ》に一閻浮提《いちえんぶだい》にひろまらせ給《たも》うべき瑞相《ずいそう》に

日蓮さきがけ《魁》したり、わたうども《和党共》二陣《じん》三陣つづきて迦葉《かしょう》・阿難《あなん》にも勝《す》ぐれ天台《てんだい》・伝教《でんぎょう》にもこへよかし」（御書九一〇㌻）

先生は、この仰《おお》せのままに、殉教《じゅんきょう》の先師《せんし》・牧口先生の心を継《つ》ぎ、戦後《せんご》の荒野《こうや》に、ただ一人《ひとり》立たれたのである。

そして二陣《じん》三陣と続《つづ》く地涌《じゆ》の若人《わこうど》を呼《よ》び出《いだ》し、薫陶《くんとう》された。魂《たましい》の炎《ほのお》をつなぐ師弟《してい》の共戦《きょうせん》と後継《こうけい》なくして、一閻浮提広宣流布《いちえんぶだいこうせんるふ》の実現《じつげん》はないからだ。

明《みょう》「前進・人材の年」は、まさに、この共戦《きょうせん》・後継《こうけい》に焦点《しょうてん》がある。

日蓮大聖人は、四条金吾《しじょうきんご》への手紙に、「殿《との》の御事《おんこと》をば・ひまなく法華経・釈迦仏《しゃかぶつ》・日天《にってん》に申《もう》すなり其《そ》の故《ゆえ》は法華経の命《いのち》を継《つ》ぐ人なればと思うなり」（御書一一六九㌻）と綴《つづ》られた。

御自分のことよりも、わが直弟子《じきでし》こそ「法華経の命《いのち》を継《つ》ぐ人」であり、何《なに》よりも大事な存在《そんざい》であると、勝利を祈《いの》り、励《はげ》まし抜《ぬ》かれた大慈大悲《だいじだいひ》が拝《はい》されてならない。

後輩《こうはい》を自分以上の人材に、そして二陣《じん》三陣と続《つづ》く後継《こうけい》の友の道を、広々と開いてみせる——この深《ふか》き祈《いの》りと励《はげ》ましが人材を育《はぐく》むのである。

そのためには、まず、先輩《せんぱい》やリーダーが自《みずか》ら労苦《ろうく》の汗《あせ》を流すことだ。人びとに尽《つ》くし、勇気と希望を広げる人材の手本《てほん》を自分が示《しめ》す以外《いがい》にない。生まれ変わった決意で、自身の人間革命に挑戦《ちょうせん》しゆくのだ。

「月月《つきづき》・日日《ひび》につより給《たま》へ」（御書一一九〇ジ）と仰《おお》せのように、惰性《だせい》を排《はい》し、朗々《ろうろう》たる題目《だいもく》の師子吼《ししく》で魔《ま》を打《う》ち破《やぶ》って、一日一日、生き生きと前進することだ。

「創造的《そうぞうてき》な活動によって、人は自分自身に新しい命《いのち》を授《さず》ける」(1)——これは、ナチスの暴虐《ぼうぎゃく》に苦《くる》しむ祖国《そこく》ポーランドのために戦った音楽家《おんがくか》パデレフスキの言葉である。

学会は「価値創造《かちそうぞう》」の団体《だんたい》である。創価の師弟《してい》は、この濁世《じょくせ》にあって、何《なに》があろうとも、平和と幸福の価値を無限《むげん》に創造しゆく使命《しめい》を担《にな》って、ここに雲集《うんじゅう》しているのだ。

*

十一月十八日、創立《そうりつ》のその日に開催《かいさい》された本部幹部会は、〝世界民衆《みんしゅう》平和会議〟というべきSGI総会でもあった。

それこそ「万里《ばんり》の波濤《はとう》」を越《こ》えるような求道《きゅうどう》の熱《あつ》い心で集《つど》い来《こ》られたのは、世界六十五カ国・地域《ちいき》、二百八十人の地涌《じゆ》の指導者《しどうしゃ》である。

「道のとを《遠》きに心ざしのあらわるるにや」（御書一二二三ページ）と賞讃《しょうさん》された御本仏《ごほんぶつ》のお心を拝《はい》するにつけ、同志の尊《とうと》き「心ざし」の陰徳陽報《いんとくようほう》は厳然《げんぜん》たり、と確信《かくしん》してやまない。

総会の前日、世界の友は、台風《たいふう》・大雨《おおあめ》の被災《ひさい》等を乗《の》り越《こ》えてきた関東五県の三十二会場に走《はし》って、交流交歓会《こうりゅうこうかんかい》に臨《のぞ》んだ。

〝地球家族〟のザダンカイには、多数の友人も参加され、南無妙法蓮華経の題目《だいもく》が〝世界の共通語《きょうつうご》〟になっていることや、海外《かいがい》メンバーの明《あか》るさや信仰体験《しんこうたいけん》に大きな感動の輪《わ》が広がった。

世界の友と日本の友の信心の息吹《いぶき》が力強《ちからづよ》く響《ひび》き合って、「随喜《ずいき》する声を聞いて随喜し」（御書一一九九㌻）という大歓喜《だいかんき》の連鎖《れんさ》が起《お》こったのだ。まさに人間と人間、魂《たましい》と魂の生き生きとした結縁《けちえん》と触発《しょくはつ》こそ、広宣流布《こうせんるふ》の源《げん》泉《せん》といってよい。師弟《してい》の絆《きずな》、同志の団結の不変《ふへん》の力《ちから》がここにある。

戸田先生とご一緒《いっしょ》に迎《むか》えた最後の創立《そうりつ》記念日に、私は書き留《とど》めた。

「先生の力《ちから》で、われらはこれまで育つ。

先生の力《ちから》で、妙法《みょうほう》の境涯《きょうがい》を開く。

先生の力《ちから》で、われらの力は発揮《はっき》できた。

先生の師恩《しおん》は、山よりも高し。海よりも深《ふか》し。

忘《わす》れじ、われは。偉大《いだい》なる師《し》の歴史《れきし》を世界に示《しめ》さん。誓《ちか》う、堅《かた》く」――

この不二《ふに》の縁《えにし》で結《むす》ばれた後継《こうけい》の陣列《じんれつ》によって、世界広布《こうふ》の大道《だいどう》はいやま

京都

して開かれていくのだ。

災害《さいがい》が打《う》ち続《つづ》いた本年、農漁光部《のうぎょこうぶ》の方々《かたがた》のご苦労が痛《いた》いほど偲《しの》ばれてならない。「変毒為薬《へんどくいやく》」されゆくことを祈念《きねん》し、題目《だいもく》を送らせていただく日々である。

*

豊《ゆた》かな実《みの》りの陰《かげ》には、大地を耕《たがや》し、種《たね》を蒔《ま》いた人の苦闘《くとう》が必ずある。

長年、親交《しんこう》を結《むす》んだキルギス共和国出身《きょうわこくしゅっしん》の文豪《ぶんごう》アイトマートフ氏は、祖国《そこく》の古謡《こよう》「種蒔《たねま》く人」を深《ふか》く愛《あい》されていた。

創価学園生に温かな励《はげ》ましを送られた際《さい》にも、この古謡《こよう》を朗誦《ろうしょう》された。

「蒔《ま》かれた種《たね》に心ゆくまで水をやり……一粒《ひとつぶ》の種が千粒の実《み》をつけますように」――と。

炎天《えんてん》をものともせず、農作業《のうさぎょう》に励《はげ》む尊《とうと》さを謳《うた》い上《あ》げた一節《いっせつ》を通《とお》し、「種《たね》蒔《ま》く人の祈《いの》り」を強調《きょうちょう》したのだ。ともに氏は、後悔《こうかい》なき人生の根本《こんぽん》を、こうも示《しめ》していた。

「自分がだれで、どこから来たのかを忘《わす》れないこと、打算《ださん》も理由《りゆう》もなしに無条件《むじょうけん》に自分を愛し、育ててくれた人々への感謝《かんしゃ》を忘れないこと」と。

創価の多宝《たほう》の父《ちち》たち母《はは》たちは、同志に会う際《さい》、祈《いの》り抜《ぬ》いて臨《のぞ》んできた。その真剣《しんけん》な心に「ここまで自分のことを思ってくれていたのか」と多くの後輩《こうはい》が立ち上がり、広布《こうふ》の闘士《とうし》に育ったのだ。

いつの時代《じだい》も、人材の育成《いくせい》に近道《ちかみち》はない。だが友の可能性《かのうせい》を信じ、大確《だいかく》信《しん》で向き合えば、時間はかかろうとも、必ず成長《せいちょう》の姿《すがた》で応《こた》えてくれる。

素晴《すば》らしい伝統《でんとう》となった未来部の「E《イー》―1《ワン》グランプリ」も、実《じつ》に多くの方々《かたがた》の祈《いの》りと真心の結晶《けっしょう》である。晴《は》れ舞台《ぶたい》に立った未来部の友は笑顔《えがお》で語った。「応援《おうえん》してくださった同志の皆《みな》さんの祈りのおかげなんです」と。

今回、多くの未来部員とその友が、挑戦《ちょうせん》してくれた。伸びゆく世界市民たちは、何《なん》と凜々《りり》しく、何と心豊《ゆた》かに、何と聡明《そうめい》に育ってくれていることだろうか！

この尊《とうと》き心の大地に、私たちはさらに希望の励《はげ》ましを注《そそ》いでいきたい。

＊

嬉《うれ》しいことに今、世界の青年たちが小説『新・人間革命』を学んでくれている。それは、さながら師弟《してい》の心の対話である。

欧州《おうしゅう》でも「『新・人間革命』世代《せだい》よ　光《ひか》り輝《かがや》け！」を合言葉に、連帯《れんたい》を広げている。

本年十一月は、あの「ベルリンの壁《かべ》」の崩壊《ほうかい》から三十年――。

私は、十年前（二〇〇九年）の師走《しわす》、冷戦終結《れいせんしゅうけつ》の立役者《たてやくしゃ》ゴルバチョフ氏と語り合った。

「今再《ふたた》び、『どんな壁《かべ》も必ず打《う》ち破《やぶ》れるのだ』という勇気を、共に世界の青年に贈《おく》りたい」と。

人生も、社会も、常《つね》に「壁《かべ》」との戦いである。

しかし、行く手を阻《はば》む壁《かべ》を一つ一つ突破《とっぱ》しゆくことが、青春の挑戦《ちょうせん》であり、本懐《ほんかい》である。そして「地球民族主義《しゅぎ》」のビジョンをもって、世界を分《ぶん》断《だん》するいかなる壁も、悠然《ゆうぜん》と越《こ》えていくのだ。

一人《ひとり》の「人間革命」から人類の「宿命転換《しゅくめいてんかん》」へ――この大いなる主題《しゅだい》を誇《ほこ》り高く掲《かか》げ、わが創価の世界市民よ、誓《ちか》いの後継《きみ》たちよ、地涌《じゆ》の使命《しめい》の炎《ほのお》を燃《も》やし、走《はし》りゆこうではないか！

（1）イグナツィ・ヤン・パデレフスキ　メアリー・ロートン共著『闘うピアニスト　パデレフスキ自伝』下、湯浅玲子訳、ハンナ

富士《ふじ》のごとく堂々《どうどう》と

挑戦《チャレンジ》！ 大いなる夢《ゆめ》へ成長《せいちょう》の夏

二〇二〇年八月三日

「二十一世紀《せいき》が勝負《しょうぶ》」と私は心定《さだ》めてきた。

創価の民衆《みんしゅう》の大地から二十一世紀《せいき》の世界へ、どれだけ社会貢献《こうけん》の地涌《じゆ》の人材群を送り出せるか。

誰《だれ》よりも若人を慈《いつく》しまれた牧口・戸田両《りょう》先生と不二《ふに》の祈《いの》りを込《こ》めて、私は未来部の薫陶《くんとう》に全精魂《ぜんせいこん》を注《そそ》いできた。広布《こうふ》の父母《ちちはは》たちと一緒《いっしょ》に耕《たがや》してきた人間教育《きょういく》の土壌《どじょう》の上《うえ》に、今、仰《あお》ぎ見る後継《こうけい》の大樹《たいじゅ》が林立《りんりつ》している。みんな立派《りっぱ》になった。本当によく育ってくれた。

何《なに》より頼《たの》もしいことは、「従藍而青《じゅうらんにしょう》」の人材が次の人材を育てる、「令法《りょうぼう》久住《くじゅう》」の励《はげ》ましの連鎖《れんさ》が、限《かぎ》りなく続《つづ》いていることである。

とりわけ、私の心を心として献身《けんしん》してくれている、未来部担当者《たんとうしゃ》の方々《かたがた》に感謝《かんしゃ》は尽《つ》きない。

＊

今の未来部の友は、まさに「二十一世紀人《せいきじん》」だ。

高校三年生を先頭《せんとう》に、二〇〇二年以降《いこう》の生まれであり、二十一世紀《せいき》とともに青春の年輪《ねんりん》を刻《きざ》み、「人生百年時代《じだい》」を飾《かざ》りゆく世代《せだい》である。

思えば、フランスの大文豪《だいぶんごう》ビクトル・ユゴーは、一八〇二年生まれであり、十九世紀《せいき》の先頭《せんとう》を進みゆく人生の誇《ほこ》りを、生涯《しょうがい》、持《も》ち続《つづ》けた。

わが師《し》・戸田城聖《じょうせい》先生は一九〇〇年に誕生《たんじょう》され、二十世紀《せいき》の民衆《みんしゅう》の悲惨《ひさん》な命運《めいうん》を大転換《だいてんかん》するために戦い抜《ぬ》かれた。

そして、戸田先生より百年の歳月《さいげつ》を経《へ》て、躍《おど》り出《で》た二十一世紀《せいき》の「平和の旗手《きしゅ》」こそ、わが未来部の一人《ひとり》ひとりなのだ。

人類は今、コロナ禍《か》という世界的な危機《きき》に直面《ちょくめん》している。大きな不安や制約《せいやく》や変化の中《なか》で、勉学《べんがく》に挑《いど》む高校・中学・小学生の皆《みな》さんの苦労もひとしおであろう。

しかし、若《わか》き日に大きな試練《しれん》を乗《の》り越《こ》えることは、それだけ自分が鍛《きた》えられ、大きな使命《しめい》を果《は》たしていける。偉大《いだい》な価値《かち》を創造《そうぞう》していけるのだ。なかんずく、「冬は必ず春となる」（御書一二五三ジペー）という希望の大哲理《だいてつり》を抱《いだ》いた青春は、何《なに》ものにも負《ま》けない。

日本はもとより、世界でも、未来部の友は、コロナ禍《か》に屈《くっ》せず、強《つよ》く朗《ほが》らかに前進している。

各国・各地で、直接会《ちょくせつ》えなくても、オンラインを活用《かつよう》して、共に歌い、共に演奏《えんそう》し、共に語り、共に励《はげ》まし合っている様子《ようす》も伺《うかが》った。

未来部は、一人《ひとり》ももれなく「法華経の命《いのち》を継《つ》ぐ人《ひと》」（御書一一六九ジペー）である。その伸《の》びゆく命の輝《かがや》きこそ、何《なに》ものにも勝《まさ》る人類の宝《たから》であり、世界の希望なのである。

＊

未来部の友と進む道は、風雨《ふうう》を越《こ》えて夢《ゆめ》とロマンの虹《にじ》が光《ひか》る。

半世紀《はんせいき》ほど前、静岡《しずおか》の研修所《けんしゅうじょ》で、未来部の友と一緒《いっしょ》に新しい道をつくった思い出がある。共に汗《あせ》を流し、石拾《いしひろ》いや草《くさ》むしりに精《せい》を出した。「道をつくる」苦労と誇《ほこ》りを、実際《じっさい》に体験《たいけん》してもらいたかったのである。

私は語りかけた。

「道ができれば、みんながそこを歩《ある》けるようになる。ぼくは君たちのために、懸命《けんめい》に道を開いておくよ。君たちは、さらに、その先《さき》の、未来への道を開いていくんだよ。それが師弟《してい》の大道《だいどう》だ」

この時、「世界広布《こうふ》の道を開く人材に」と夢《ゆめ》を広げた女子中等部の友は、その後、創価大学へ進学《しんがく》し、モスクワ大学への最初《さいしょ》の交換留学生《こうかんりゅうがくせい》となった。祈《いの》り、学《まな》び、努力《どりょく》を重ね、ロシア語通訳《ごつうやく》・翻訳《ほんやく》の第一人者《だいいちにんしゃ》として、両国《りょうこく》の平和友好《ゆうこう》の道、後進《こうしん》の育成《いくせい》の道を開いてくれている。

このたびモスクワ大学出版会から最終巻《さいしゅうかん》が発刊《はっかん》されたロシア語版《ごばん》『法華経の智慧《ちえ》』（全六巻）の翻訳《ほんやく》にも、世界各地の友と尽力《じんりょく》してくれた。

創価の師弟《してい》が開く探究《たんきゅう》と創造《そうぞう》の「この道」は、地球を包《つつ》んでいくのだ。

＊

この夏、未来部の友は「ドリームチャレンジ期間《きかん》」と掲《かか》げて、成長《せいちょう》の日々を刻《きざ》んでいる。

お父さんやお母さん、担当者《たんとうしゃ》の方《かた》の応援《おうえん》を受けながら取り組む読書《どくしょ》も、作文《さくぶん》も、絵画《かいが》も、語学《ごがく》も、まさしく「ドリーム（夢《ゆめ》）」を見つけ、広げ、深《ふか》めるチャンスとなる。楽《たの》しく伸《の》び伸びと「チャレンジ（挑戦《ちょうせん》）」してもらいたい。

私が友情を結《むす》んだ世界の知性《ちせい》も、読書《どくしょ》を通《とお》して、夢《ゆめ》を広げてこられた。核兵器廃絶《かくへいきはいぜつ》に人生を捧《ささ》げた、パグウォッシュ会議《かいぎ》名誉会長のロートブラット博士が、少年時代《じだい》の宝《たから》とされたのも、「読書《どくしょ》の喜《よろこ》び」である。ポーランド出身《しゅっしん》の博士の幼《おさな》き日、第一次世界大戦《だいいちじせかいたいせん》が起《お》こる。家《いえ》は貧《まず》しく、二切《ふたき》れのパンが一日の食事《しょくじ》という日もあった。そんな博士の楽《たの》しみは科学《かがく》小説などの本を読むことであった。

「本当に悲しく、悲惨《ひさん》な時代《じだい》であったからこそ、私は『夢《ゆめ》』を求《もと》めていたのです」

若《わか》き博士は「科学《かがく》を通《とお》して、人間が戦争《せんそう》をしなくてすむような世界をつくろう」と誓《ちか》い、苦学《くがく》の末《すえ》、世界的な科学者になる夢《ゆめ》を実現《じつげん》する。そして「核兵器《かくへいき》のない平和な世界」という夢を、命《いのち》の限《かぎ》り追求《ついきゅう》し続《つづ》けたのだ。

広島《ひろしま》、長崎《ながさき》、また沖縄《おきなわ》の惨劇《さんげき》を二度と繰《く》り返《かえ》してはならない。人類の平和こそ我《われ》らの悲願《ひがん》である。

私が「後世《こうせい》に残《のこ》せるような小説を書きたい」という夢《ゆめ》を抱《いだ》いたきっかけも読書《どくしょ》であった。ユゴーの傑作《けっさく》『レ・ミゼラブル』との出あいである。以来《いらい》、幾十星霜《いくじゅうせいそう》を経《へ》て、小説『人間革命』『新・人間革命』を書き残すことができた。全《すべ》て恩師《おんし》から私への個人教授《こじんきょうじゅ》「戸田大学」での薫陶《くんとう》の賜物《たまもの》であり、多くの方々《かたがた》の応援《おうえん》のおかげである。

とともに、牧口先生、戸田先生から託《たく》された夢《ゆめ》を、創価大学や創価学園の創立《そうりつ》をはじめ、私は全《すべ》て実現《じつげん》した。

次なる私の夢《ゆめ》は何《なに》か。

世界中の未来部の皆《みな》さん一人《ひとり》ひとりが勇気の翼《つばさ》を広げ、自身の夢《ゆめ》を実現《じつげん》してくれることだ。

東京

私は、未来部の友の躍動《やくどう》する絵画《かいが》を鑑賞《かんしょう》するのが大好《だいす》きである。

私自身は絵《え》が得意《とくい》ではないが、宝《たから》の未来部に思いを馳《は》せながら、富士山《ふじさん》を描《えが》いたことがある。

*

一九七九年（昭和五十四年）の五月五日——私が名誉会長になって最初《さいしょ》に迎《むか》えた「創価学会後継者《こうけいしゃ》の日」である。「正義《せいぎ》」「共戦《きょうせん》」の一連《いちれん》の書《しょ》を書き留《とど》める最中《さなか》であった。

横浜《よこはま》の海を望《のぞ》む神奈川文化会館《かながわぶんかかいかん》で、絵筆《えふで》を屏風《びょうぶ》に走《はし》らせた。朝焼けの紅《くれない》に包《つつ》まれる富士《ふじ》である。手前《てまえ》の緑《みどり》の丘《おか》には、満開《まんかい》の桜《さくら》や枝《えだ》を広げた松《まつ》の木を配《はい》した。一本一本《いっぽん》が伸《の》びゆく人材なりと祈《いの》りを込《こ》めたのである。

四年後（一九八三年）の三月、大阪《おおさか》・枚方市《ひらかたし》の関西《かんさい》創価小学校を訪《おとず》れた時《とき》のことだ。楽《たの》しい催《もよお》しが終わり、皆《みな》が下校《げこう》した静《しず》かな校舎内《こうしゃない》を視察《しさつ》した。

ある三年生の教室《きょうしつ》の黒板《こくばん》に、青のチョークで「この一年　元気にがんばりました」と書かれた文字《もじ》が、目に留《と》まった。その隣《となり》には、仲良《なかよ》く球技《きゅうぎ》に興《きょう》じる絵《え》もあった。

この絵手紙《えてがみ》への返事《へんじ》をと、私はチョークを手に取った。そして、黒板《こくばん》に向かうと、児童《じどう》たちの健闘《けんとう》を讃《たた》えつつ、〝いつか一緒《いっしょ》に「王者《おうじゃ》の山」を登《のぼ》りゆこう〟との願いを託《たく》して、大きな富士《ふじ》の絵を描《えが》いていった。

「あれになろう、これに成《な》ろうと焦心《あせ》るより、富士《ふじ》のように、黙《だま》って、自分を動《うご》かないものに作《つく》りあげろ」(1)

――師《し》が愛弟子《まなでし》に語りかけたこの一節《いっせつ》を、人びとの心が揺《ゆ》れ動《うご》く今だからこそ、私は「負《ま》けじ魂《だましい》」燃《も》ゆる友に贈《おく》りたい。

日蓮大聖人は、富士《ふじ》を仰《あお》ぐ天地《てんち》で、大難《だいなん》と戦う若《わか》き弟子《でし》・南条時光《なんじょうときみつ》に、「法妙《ほうみょう》なるが故《ゆえ》に人貴《にんとうと》し・人貴きが故に所尊《ところとうと》し」(御書一五七八ページ)と仰《おお》せになられた。

妙法《みょうほう》を受持《じゅじ》した最高に尊貴《そんき》なる創価後継《こうけい》の友よ、富士《ふじ》のごとく、堂々《どうどう》と
頭《こうべ》を上げて胸《むね》を張《は》れ！
壮大《そうだい》な夢《ゆめ》を描《えが》き、明朗闊達《めいろうかったつ》に挑戦《ちょうせん》しよう！
君たちが、二十一世紀《せいき》の地球社会を、平和と幸福と共生《きょうせい》の崩《くず》れざる宝土《ほうど》
に築《きず》きゆくのだ。
不二《ふに》の「正義《せいぎ》の走者《そうしゃ》」の君たちよ、「生命《せいめい》の世紀《せいき》」「人間革命の世紀」の
大空《おおぞら》に、凱歌《がいか》の虹《にじ》を鮮《あざ》やかに懸《か》けてくれ給《たま》え！

（1）吉川英治著『宮本武蔵』6、講談社

平和の光

二十一世紀《せいき》の若《わか》き王者《おうじゃ》

立正安国《りっしょうあんこく》へ希望の共進《きょうしん》を

二〇二〇年七月七日

七月、我《われ》ら地涌《じゆ》の命《いのち》はいやまして燃《も》え上がる。

その源流《げんりゅう》は、一二六〇年（文応《ぶんおう》元年）七月十六日、日蓮大聖人が「立正《りっしょう》安国論《あんこくろん》」をもって、国家諫暁《こっかかんぎょう》された歴史《れきし》である。

「立正安国《りっしょうあんこく》」（正《しょう》を立て、国《くに》を安《やす》んず）という不滅《ふめつ》の金言《きんげん》は、大聖人の全《まった》く独創《どくそう》であられた。

「立正安国《りっしょうあんこく》」とは、全民衆救済《ぜんみんしゅうきゅうさい》へ妙法《みょうほう》を掲《かか》げて、ただ一人《ひとり》立ち上がられた大慈悲《だいじひ》の師子吼《ししく》にほかならないのだ。

当時、「天変地夭《てんぺんちよう》・飢饉疫癘《ききんえきれい》」など打《う》ち続《つづ》く災難《さいなん》のために、庶民《しょみん》は悲惨《ひさん》の極《きわ》みにあった。現在《げんざい》、コロナ禍《か》と闘《たたか》う人類の苦境《くきょう》とも相通《あいつう》ずる。「立正安国論《りっしょうあんこくろん》」の冒頭《ぼうとう》には、「悲《かな》しまざるの族《やから》敢《あえ》て一人《いちにん》も無《な》し」（御書一七ページ）と記《しる》されている。

大聖人の眼差《まなざ》しは、愛《あい》する家族や友を失《うしな》い慟哭《どうこく》する庶民《しょみん》の姿《すがた》にこそ注《そそ》がれていた。渦巻《うずま》く民衆《みんしゅう》の苦悩《くのう》を直視《ちょくし》し、わが事《こと》と同苦《どうく》し抜《ぬ》かれたのだ。

大聖人は「安国《あんこく》」の「国」を、「口《くにがまえ》」に「民《たみ》」とも書いておられた。人間の顔《かお》の見えない国家《こっか》の安泰《あんたい》ではなくして、何《なに》よりも民衆《みんしゅう》が日々の生活を営《いとな》む場《ば》としての国土《こくど》の安穏《あんのん》であり、民衆の安心安全《あんぜん》を祈《いの》られていたお心が拝《はい》されてならない。

この御本仏《ごほんぶつ》の大精神《だいせいしん》のままに、先師《せんし》・牧口常三郎《つねさぶろう》先生と恩師《おんし》・戸田城聖《じょうせい》先生は、戦時下《せんじか》にあって「今こそ国家諫暁《こっかかんぎょう》の時なり」と正義《せいぎ》の行動《こうどう》を貫《つらぬ》き、一九四三年（昭和十八年）の七月六日、軍部政府《ぐんぶせいふ》の弾圧《だんあつ》により逮捕《たいほ》された。

牧口先生は翌年、殉教《じゅんきょう》の獄死《ごくし》を遂《と》げられ、不二《ふに》の戸田先生は二年の投獄《とうごく》を越《こ》え、終戦直前《しゅうせんちょくぜん》の七月三日、〝妙法《みょうほう》の巌窟王《がんくつおう》〟の心で出獄《しゅつごく》された。

この日この時、戦争《せんそう》の残酷《ざんこく》と悲惨《ひさん》に覆《おお》い尽《つ》くされた闇《やみ》の底《そこ》から、太陽の仏法が昇《のぼ》りゆかんとする「立正安国《りっしょうあんこく》の黎明《れいめい》」が告《つ》げられたといってよい。

戸田先生は四十五歳。戦前《せんぜん》の幹部たちは、法難《ほうなん》に臆《おく》して退転《たいてん》した。

信《しん》じられるのは正義《せいぎ》の青年しかないと、先生は「旗持《はたも》つ若人《わこうど》」を祈《いの》り、待《ま》たれた。そして、敗戦《はいせん》の荒廃《こうはい》し切《き》った大地に題目《だいもく》を打《う》ち込《こ》みながら、一歩また一歩、足《あし》を運《はこ》び、一人《ひとり》また一人、若《わか》き地涌《じゆ》の弟子《でし》を呼《よ》び出《いだ》していかれたのである。

＊

恩師《おんし》の出獄《しゅつごく》から五年後（一九五〇年）の七月、私たちは男女合同《ごうどう》で青年部会を開催《かいさい》した。二十人ほどの集《つど》いであったが、意義《いぎ》は誠《まこと》に深《ふか》かった。

大事なのは人数《にんずう》ではない。魂《たましい》の結合《けつごう》である。

私は当時の日記《にっき》に、「青年部も、未来の怒濤《どとう》、嵐《あらし》に向《む》かって、船出《ふなで》せり。吾《わ》れも進む、全生命《ぜんせいめい》のあらん限《かぎ》り」と書き残《のこ》した。

多くの会社が倒産《とうさん》し、先生の事業《じぎょう》も最悪《さいあく》の苦境《くきょう》に陥《おちい》った時《とき》である。師恩《しおん》を裏切《うらぎ》り、去《さ》る先輩《せんぱい》たちも少《すく》なくなかった。

その中で、私は今こそ青年が立ち上がる時だと心を定《さだ》めた。

「開目抄《かいもくしょう》」には、「山に山をかさね波《なみ》に波をたたみ難《なん》に難を加《くわ》へ非《ひ》に非をますべし」（御書二〇二ページ）と仰《おお》せである。

これが、創価の師弟《してい》が歩《あゆ》まねばならない「広布大願《こうふだいがん》」の航路《こうろ》ではないか。

立ちはだかる試練《しれん》があればあるほど、我《われ》ら青年がいよいよ強《つよ》くなるのだ。

たとえ、若輩《じゃくはい》の一兵卒《いっぺいそつ》であろうとも、師弟不二《していふに》の題目《だいもく》の力《ちから》で、師匠《ししょう》を断《だん》固《こ》とお守りできる。障魔《しょうま》を敢然《かんぜん》と打《う》ち破《やぶ》れる。広宣流布《こうせんるふ》の全軍《ぜんぐん》を前へ前へ進められるのだ。

私はそう誓《ちか》い、祈《いの》った。

「波浪《はろう》は障害《しょうがい》にあうごとに、その頑固《がんこ》の度《ど》を増《ま》す」――この苦難《くなん》を耐《た》え忍《しの》んで、陰徳陽報《いんとくようほう》の師弟《してい》の勝利を示《しめ》すのだ、と。

＊

この一年後の七月、嵐《あらし》を越《こ》えて第二代会長に就任《しゅうにん》した戸田先生に直結《ちょっけつ》して、男子部、女子部が結成《けっせい》されたのだ。

世界を見れば、朝鮮戦争《ちょうせんせんそう》（韓国《かんこく》戦争）の悲劇《ひげき》の渦中《かちゅう》であった。やがて「地球民族主義《しゅぎ》」を提唱《ていしょう》される先生は、この青年部の新出発に際《さい》して、日本はもとよりアジア、さらには世界の「広宣流布《こうせんるふ》」即《そく》「立正安国《りっしょうあんこく》」への尊《とうと》い使命《しめい》を教えてくださったのである。

最前線《さいぜんせん》の一班長《いちはんちょう》であった私も、広布拡大《こうふかくだい》に燃《も》え、直《ただ》ちに宮城県《みやぎけん》の仙台市《せんだいし》へ走《はし》った。誠実《せいじつ》な東北健児《とうほくけんじ》たちとの懐《なつ》かしい共戦《きょうせん》が蘇《よみがえ》る。結核《けっかく》を乗《の》り越《こ》え、事業《じぎょう》の破綻《はたん》を打開《だかい》した信仰体験《しんこうたいけん》を、私は確信《かくしん》を込《こ》めて語った。八人の新来《しんらい》の友が次々に入会を決意されたと記憶《きおく》している。

大聖人の「立正安国論《りっしょうあんこくろん》」は「一対一」の対話形式《けいしき》で展開《てんかい》されている。民衆一人《みんしゅうひとり》ひとりの心に正義《せいぎ》を打《う》ち立《た》てることを、「立正安国」の究極《きゅうきょく》の方途《ほうと》として示《しめ》されたのである。

ゆえに、私たちも眼前《がんぜん》の一人《ひとり》の友と生命《せいめい》の共鳴《きょうめい》を奏《かな》でることから一切《いっさい》の変革《へんかく》を始めようと、決心《けっしん》していた。桜梅桃李《おうばいとうり》の友情と尊敬《そんけい》のスクラムこそ希望の礎《いしずえ》なのである。

＊

未曾有《みぞう》のコロナ禍《か》の中でも、わが従藍而青《じゅうらんにしょう》の青年部は、日本中、世界中で不屈《ふくつ》の心で、「危機《きき》を転機《てんき》へ」と変《か》えゆく智慧《ちえ》と勇気の挑戦《ちょうせん》の日々を刻《きざ》んでくれている。

近年《きんねん》の通信技術《つうしんぎじゅつ》の飛躍的進歩《ひやくてきしんぽ》を背景《はいけい》にした、オンラインを駆使《くし》した取り組みも活発《かっぱつ》である。

物理的《ぶつりてき》に会えない状況《じょうきょう》でも、皆《みな》が顔《かお》を見ながら語り合えるという時代《じだい》になってきている。

以前《いぜん》より多くの友が参加できるようになった地域《ちいき》もあると聞いた。リーダーたちは、毎回《まいかい》の集《つど》いに臨《のぞ》んで「皆《みな》のために」と真剣《しんけん》である。だからこそ、「学会の集まりは楽《たの》しい」「前向《まえむ》きな話《はなし》が聞けた」と喜《よろこ》びも広がり、先輩《せんぱい》も後輩《こうはい》も共に成長《せいちょう》しているのだ。

感染症《かんせんしょう》との闘《たたか》いが続《つづ》く南米《なんべい》ブラジルでも、この七月、十万人の青年が励《はげ》ましの連帯《れんたい》を結《むす》びながら、社会貢献《こうけん》へのたゆまぬ波《なみ》を広げている。

数学《すうがく》の天才《てんさい》であった戸田先生は常々《つねづね》、交通機関《こうつうきかん》や通信技術《つうしんぎじゅつ》など文明《ぶんめい》の進展《しんてん》は、「広宣流布《こうせんるふ》の時近《ときちか》し」の象徴《しょうちょう》なり、と言われていた。新時代《しんじだい》の青年部の創意工夫《そういくふう》を、先生も喜《よろこ》ばれるに違いない。

ともあれ、世界広布《こうふ》の流れは間違《まちが》いなく進んでいる。それも急速《きゅうそく》に！

ならば、我《われ》らは変化を厭《いと》うのではなく、若人《わこうど》を先頭《せんとう》に、現在《げんざい》の変化の中に、「人間の幸福と平和《へいわ》のために」という立正安国《りっしょうあんこく》の精神性《せいしんせい》を打《う》ち込《こ》んでいきたい。

仏法の人間主義《にんげんしゅぎ》が一段《いちだん》と輝《かがや》きを増《ま》す好機《こうき》であり、我《われ》らの価値《かち》の創造《そうぞう》に限《げん》界《かい》はない。それを担《にな》い立つ青年には、無限《むげん》の力《ちから》があるからだ。

＊

ちょうど三十年前（一九九〇年）の七月、私はモスクワのクレムリンを訪《おとず》れ、冷戦終結《れいせんしゅうけつ》の立役者《たてやくしゃ》であるゴルバチョフ・ソ連大統領《だいとうりょう》との最初《さいしょ》の会見《かいけん》に臨《のぞ》んだ。

「きょうは、大統領《だいとうりょう》と〝けんか〟をしに来《き》ました！　火花《ひばな》を散《ち》らしながら、

東京

何《なん》でも率直《そっちょく》に語り合いましょう。人類のために！」。開口一番《かいこういちばん》、私がこう切《き》り出《だ》すと、「私も率直な対話が好《す》きです。本当に、昔《むかし》からの友人同士《どうし》のような気がします」と、あの快活《かいかつ》な笑顔《えがお》で応《おう》じてくれた。

以来《いらい》十度に及《およ》ぶ語らいで、〝二十一世紀《せいき》に待ち構《かま》えている最大《さいだい》の危機《きき》〟として論《ろん》じ合ったテーマこそ、「分断《ぶんだん》」であった。

「まるで中世《ちゅうせい》のペストのように目に見《み》えず蔓延《まんえん》し、ところかまわず猛威《もうい》を振《ふ》るう分断《ぶんだん》」を、どう克服《こくふく》していくのか。

ゴルバチョフ氏《し》は、「私たちは『結合《けつごう》』の力《ちから》を探《さが》し出《だ》さなければなりません」と力説《りきせつ》された。

私たちの対話の結論《けつろん》の一《ひと》つは、「楽観主義《らっかんしゅぎ》」の力《ちから》であった。いかなる試《し》練《れん》も必ず乗《の》り越《こ》えてみせるとの信念《しんねん》、人間の精神的《せいしんてき》な力への無条件《むじょうけん》の信《しん》頼《らい》、人類の未来への確信《かくしん》――ここに分断《ぶんだん》を越え、世界の民衆《みんしゅう》を結合《けつごう》せしむる力が脈打《みゃくう》っている。

牧口・戸田両《りょう》先生の弟子《でし》として、私は「立正安国《りっしょうあんこく》」の対話を貫《つらぬ》いてきた。その一《ひと》つの証《あか》しとして、世界の識者《しきしゃ》と重ねた諸文明《しょぶんめい》を結《むす》ぶ対談集《たいだんしゅう》など著作《ちょさく》の翻訳《ほんやく》出版も「五十言語《げんご》」となった。恩師《おんし》記念会館には、それらが両先生への報恩感謝《ほうおんかんしゃ》を込《こ》めて展示《てんじ》されている。

不信《ふしん》と不安の渦巻《うずま》く危機《きき》の時代《じだい》の闇《やみ》を破《やぶ》る、人間信頼《しんらい》の不屈《ふくつ》の楽観主義《らっかんしゅぎ》を、二十一世紀《せいき》へ継承《けいしょう》する若《わか》き「対話の王者《おうじゃ》」「言論《げんろん》の王者」こそ、創価の青年たちなのだ。

＊

三十五年前（一九八五年）の七月、私は女子部結成《けっせい》の記念日を祝賀《しゅくが》し、〝今、留《とど》めて此《ここ》に置《お》く〟との思いで、「王《おう》」の一文字《いちもじ》を大書《たいしょ》した。

大聖人は、漢字《かんじ》の「王《おう》」という字《じ》を、こう釈《しゃく》されている。「三の字を横《よこ》に書きて一の字を竪《たて》さまに立てたり、横の三の字は天《てん》・地《ち》・人《じん》なり、竪の一文字《いちもじ》は王なり」。そして「天・地・人を貫きて少《すこ》しも傾《かたむ》かざるを王とは名《な》づけたり」（御書一四二二ジペー）と仰《おお》せである。

何《なに》があろうが、中心《ちゅうしん》を貫《つらぬ》いて揺《ゆ》るがぬ柱《はしら》の存在《そんざい》が「王《おう》」である。

若《わか》き命《いのち》は、心の振幅《しんぷく》が激《はげ》しい。自然災害《しぜんさいがい》も打《う》ち続《つづ》く。その中で、最極《さいごく》の生命哲理《せいめいてつり》を探究《たんきゅう》し、悩《なや》み、もがきながらも、勇《いさ》んで広宣流布《こうせんるふ》の誓願《せいがん》に挑《いど》み抜《ぬ》く青年群《ぐん》は、「レジリエンス」（困難《こんなん》を乗《の》り越《こ》える力《ちから》）を身《み》に体《たい》した堅固《けんご》な陣列《じんれつ》だ。そしてまた、地球社会の平和・文化《ぶんか》・教育《きょういく》の偉大《いだい》な柱《はしら》である。

法華経という「経王《きょうおう》」「師子王《ししおう》」を胸中《きょうちゅう》に持《たも》ち抜《ぬ》き、常勝《じょうしょう》の王《おう》となり、女王《じょうおう》となるのだ！

心から愛《あい》し、信頼《しんらい》する、わが青年たちよ！

生命輝《せいめいかがや》く青春王《おう》たれ！　朗《ほが》らかな希望王たれ！　負《ま》けじ魂《だましい》を抱《いだ》ける不撓《ふとう》王たれ！　そして邪悪《じゃあく》を破《やぶ》る正義王たれ！

労苦《ろうく》を誉《ほま》れとし、創価の青年は皆《みな》、「心の王者《おうじゃ》」「心の女王《じょおう》」なりと、胸《むね》を張《は》って、私と共に進みゆこうではないか！

立正安国《りっしょうあんこく》の言論城《げんろんじょう》

民衆《みんしゅう》のための陰徳《いんとく》に無量《むりょう》の陽報《ようほう》が

二〇一九年四月二十六日

「天晴《てんは》れぬれば地明《ちあきら》かなり法華《ほっけ》を識《し》る者《もの》は世法《せほう》を得可《うべ》きか」（御書二五四ジペー）

文永《ぶんえい》十年（一二七三年）四月二十五日、日蓮大聖人が佐渡《さど》で書き上げられた「観心本尊抄《かんじんのほんぞんしょう》」の御文《ごもん》である。

波乱《はらん》の社会の只中《ただなか》で、我《われ》らは御金言《ごきんげん》のままに勇敢《ゆうかん》に戦い切《き》り、満々《まんまん》たる希望の太陽を昇《のぼ》らせた。その光《ひかり》で愛《あい》する郷土《きょうど》と未来を照《て》らし晴《は》らし、堂々《どうどう》たる「立正安国《りっしょうあんこく》」の柱《はしら》を打《う》ち立てているのだ。

御本仏《ごほんぶつ》の讃嘆《さんたん》は、いかばかりであろうか。

「陰徳《いんとく》あれば陽報《ようほう》あり」（御書一一七八ページ）とは、苦闘《くとう》の日々を乗《の》り越《こ》えて、ついに勝利と信頼《しんらい》を勝ち取った門下《もんか》への仰《おお》せである。

しかも、この陽報《ようほう》は〝端緒《たんしょ》〟にすぎず、「大果報《だいかほう》は又来《またきた》るべしとおぼしめせ」（同ページ）と励《はげ》まされているのである。

君も勝った！

貴女《あなた》も勝った！

学会健児《けんじ》は、断固《だんこ》として勝ったのだ。

五月晴《さつきば》れの空に向かって、誇《ほこ》りも高く、創価の勝《か》ち鬨《どき》を轟《とどろ》かせようではないか！

*

栄光の「五月三日」を前に、北米《ほくべい》・オセアニアから、アジアのインド、タイ、マレーシア、シンガポール、また韓国《かんこく》から、さらにアフリカのコートジボワールから、世界広布《こうふ》の使命《しめい》に燃《も》える先駆《せんく》の英雄《えいゆう》たちが勇《いさ》んでSGIの研修《けんしゅう》で来日《らいにち》された。

ようこそ、日本へ！

遠いところ、本当に、本当に、ありがとう！

コートジボワールからは三十人もの友が参加された。日本に来《こ》られるまで、どれほどの苦労があったことか。一人《ひとり》ひとりに、試練《しれん》に打《う》ち勝った真金《しんきん》の物語《ものがたり》が光《ひか》っている。

〝ソウカガッカイ（創価学会）・コートジボワール・ビクトワール（勝利）〟――こう宣言《せんげん》するわが地涌《じゆ》の宝友《ほうゆう》たちは、「いつもコウセンルフ（広宣流布《こうせんるふ》）のために！」と、異体同心《いたいどうしん》で歓喜踊躍《かんきゆやく》の前進をしている。

有《あ》り難《がた》いことに、今回来日《こんかいらいにち》のリーダーたちをはじめ、全世界の同志も、異体同心《いたいどうしん》で日本の広布《こうふ》の勝利を共に祈《いの》り、共に喜《よろこ》んでくれている。

大聖人は仰《おお》せである。

「総《そう》じて日蓮が弟子檀那等《でしだんなとう》・自他彼此《じたひし》の心なく水魚《すいぎょ》の思《おもい》を成《な》して異体同《いたいどう》心《しん》にして南無妙法蓮華経と唱《とな》え奉《たてまつ》る処《ところ》を生死一大事《しょうじいちだいじ》の血脈《けつみゃく》とは云《い》うなり」「若《も》し然《しか》らば広宣流布《こうせんるふ》の大願《だいがん》も叶《かな》うべき者《もの》か」（御書一三三七ジペー）

今、御書に寸分違《すんぶんたが》わぬ広布《こうふ》の団結が地球を包《つつ》み「生死一大事《しょうじいちだいじ》の血脈《けつみゃく》」が流れ通《かよ》っているのだ。

まさに、一人《ひとり》の人間革命の体験《たいけん》、一つの地域《ちいき》の立正安国《りっしょうあんこく》の実証《じっしょう》が、歓喜《かんき》の波動《はどう》を幾重《いくえ》にも広げる時代《じだい》になった。この創価の世界市民を結《むす》ぶ心の絆《きずな》が、聖教新聞である。

＊

九年前（二〇一〇年）の四月二十日、聖教新聞の創刊《そうかん》記念日に、コートジボワールの友と語り合ったことも懐《なつ》かしく思い出される。

コートジボワールのある地域《ちいき》の共同体《きょうどうたい》では――「語る者は／はっきりと

語らなくてはならない／そして真実《しんじつ》を語らなくてはならない」(1)と教え、伝えられてきたという。

明快《めいかい》さと真実《しんじつ》は、聖教の信条《しんじょう》でもある。今や「セイキョウオンライン」を通《つう》じ、世界同時《どうじ》に読まれる新聞となった。

恩師《おんし》・戸田先生も、「大作《だいさく》、『日本中、世界中の人が読む聖教にしよう』と語り合った通《とお》りになったな」と、呵々《かか》大笑《たいしょう》されているに違いない。

創刊《そうかん》六十八周年を迎《むか》えた四月二十日、今秋《こんしゅう》の完成に向けて順調《じゅんちょう》に建設《けんせつ》が進む「創価学会　世界聖教会館」を仰《あお》ぎ見るとともに、総本部の地元《じもと》の聖教販売店《はんばいてん》にも、私はカメラを向けた。

日頃《ひごろ》より愛読《あいどく》してくださっている読者《どくしゃ》の皆様《みなさま》をはじめ、印刷《いんさつ》、資材《しざい》、輸《ゆ》送《そう》、広告《こうこく》等の方々《かたがた》、愛する「無冠《むかん》の友」、販売店《はんばいてん》、新聞長、通信員《つうしんいん》、ご関係の全《すべ》ての皆様方《みなさまがた》に、心から感謝《かんしゃ》を捧《ささ》げたい。

＊

「聖教創刊《そうかん》の月」は、日蓮大聖人の「立宗《りっしゅう》」の月である。

建長《けんちょう》五年（一二五三年）の四月二十八日――大聖人は一切衆生《いっさいしゅじょう》の救済《きゅうさい》のため、大難《だいなん》を覚悟《かくご》の上で、「いはずば・慈悲《じひ》なきに・にたり」（御書二〇〇ジペー）と、正義《せいぎ》を叫《さけ》び出《いだ》された。

「今度命《いのち》をおしむならば・いつの世《よ》にか仏《ほとけ》になるべき、又何《またいか》なる世にか父母《ぶも》・師匠《ししょう》をも・すくひ奉《たてまつ》るべきと・ひとへに《偏》・をもひ切《き》りて申《もう》し始《はじ》め」（御書三二一ジペー）

全人類を幸福に、全世界を平和にしゆく大言論闘争《だいげんろんとうそう》の開始である。

この御本仏《ごほんぶつ》の「立宗《りっしゅう》の心」に直結《ちょっけつ》して広宣流布《こうせんるふ》、立正安国《りっしょうあんこく》の言論戦《げんろんせん》に思い切って打《う》って出るのが、創価の師弟《してい》である。

だからこそ、学会には、三障四魔《さんしょうしま》、三類《さんるい》の強敵《ごうてき》が競《きそ》い起《お》こってきた。しかし、人間を不幸に陥《おとしい》れる魔性《ましょう》に、断《だん》じて負《ま》けるわけにはいかない。

「日蓮が一門《いちもん》は師子《しし》の吼《ほう》るなり」（御書一一九〇ページ）である。ゆえに勇気を出して、正義《せいぎ》の声を上げることだ。その勇気が慈悲《じひ》に変わる。智慧《ちえ》と光《ひか》る。「生命尊厳《せいめいそんげん》」の大哲理《だいてつり》を掲《かか》げ、友のため、地域《ちいき》のため、真剣《しんけん》に動き、語る生命にこそ、仏《ほとけ》の慈悲と智慧が脈打《みゃくう》ってくる。

なお、「立宗宣言《りっしゅうせんげん》」の会座《えざ》は「少少《しょうしょう》の大衆《だいしゅ》にこれを申《もう》しはじめて」（御書八九四ページ）と記《しる》されている。

今日《こんにち》、少人数《しょうにんずう》で大仏法を学《まな》び合う座談会《ざだんかい》は、そのまま御本仏《ごほんぶつ》の法座《ほうざ》に連《つら》なっていることを確信《かくしん》したい。ここから大聖人と御一緒《ごいっしょ》に、「報恩《ほうおん》と孝養《こうよう》」「友情と連帯《れんたい》」さらに「万人《ばんにん》の成仏《じょうぶつ》」へ、幸《さち》と平和の対話を広げゆくのだ。

＊

東京

思えば、インド独立《どくりつ》の父《ちち》マハトマ・ガンジーが、非暴力《ひぼうりょく》の民衆《みんしゅう》運動の武器《ぶき》としたのも、「新聞」であった。彼がインドで「ヤング・インディア」等の新聞を創刊《そうかん》したのは、一九一九年、今から百年前のことである。

それは、自《みずか》ら独立運動《どくりつうんどう》の新《あら》たなリーダーとしてインド全土《ぜんど》を東奔西走《とうほんせいそう》し、民衆《みんしゅう》の中へ飛《と》び込《こ》みながらの戦いであった。

評伝《ひょうでん》によれば、「信念《しんねん》と勇気をもって国民《こくみん》を鼓舞《こぶ》した多くの論説《ろんせつ》は、走《そう》行《こう》する汽車《きしゃ》の三等客室《さんとうきゃくしつ》のなかでペンを走《はし》らせたもの」(2)と記録《きろく》されている。

聖教新聞も、戸田先生の八面六臂《はちめんろっぴ》の大激闘《だいげきとう》の中で作られてきた。常々《つねづね》、先生は言われていた。

「正法正義《しょうほうしょうぎ》のために、民衆《みんしゅう》のために、命《いのち》がけで書いてこそ、ペンは剣《けん》に勝つことができる」と。

これが「聖教魂《だましい》」だ。

＊

熊本地震《くまもとじしん》から三年――一日も早い「復興《ふっこう》」と、被災《ひさい》された全《すべ》ての皆様《みなさま》に「福光《ふっこう》」あれと、願わずにはいられない。

地震直後《じしんちょくご》、被災《ひさい》した同志の心の支《ささ》えとなったのは、聖教新聞であった。自宅《じたく》が全壊《ぜんかい》しながらも、世界からのエールが掲載《けいさい》された聖教を小脇《こわき》に抱《かか》え、〝この新聞ば断《だん》じて届《とど》ける！〟と友のもとを訪《おとず》れ、励《はげ》まし合ってくれた同志もいた。

実《じつ》に、「此文《このふみ》を心ざしあらん人人は寄合《よりあう》て御覧《ごらん》じ料簡《りょうけん》候《そうらい》て心なぐさませ給《たま》へ」（御書九六一㌻）と仰《おお》せられた通《とお》りの麗《うるわ》しき励《はげ》ましの光景《こうけい》が、彷彿《ほうふつ》としてならない。

一人《ひとり》から二人《ふたり》、三人、十人へと広がる、希望と勇気の広場《ひろば》の中心《ちゅうしん》には、聖教新聞があるのだ。

益城町《ましきまち》にゆかりの作家《さっか》・徳冨蘆花《とくとみろか》は「世《よ》にも強《つよ》きは自《みず》から是《ぜ》なりと信ずる心なり」(3)と断言《だんげん》した。

「何《なに》があろうと、私はこう生きる！」と言い切《き》れる人生は強《つよ》い。なかんずく「我《われ》は妙法《みょうほう》の当体《とうたい》なり！」「断《だん》じて負《ま》けない！」との大確信《だいかくしん》に立って、広布《こうふ》の大誓願《だいせいがん》に生き抜く創価家族に、「越《こ》えられぬ坂」など絶対《ぜったい》にないのだ。

＊

聖教新聞は、日本、世界の良識《りょうしき》から深《ふか》い信頼《しんらい》を寄《よ》せていただいている。

万葉集研究《まんようしゅうけんきゅう》の第一人者《だいいちにんしゃ》であられる中西進《なかにしすすむ》先生も、創刊《そうかん》五十周年《しゅうねん》の折《おり》、「今、社会が最《もっと》も必要《ひつよう》としている〝励《はげ》ましの心〟〝癒《いや》す心〟、生活に染《し》みついた〝温かい心〟を基調《きちょう》として、聖教新聞は作られています」とエールを送ってくださった。

中西先生《なかにし》には、関西創価小学校《かんさい》での「万葉《まんよう》みらい塾《じゅく》」で、伸《の》びゆく命《いのち》に美しく大《おお》らかなロマンを贈《おく》ってもいただいた。

新《あら》たに迎《むか》える「令和《れいわ》」の時代《じだい》。英語《えいご》では「ビューティフル・ハーモニー」と訳《やく》される。

聖教は「万葉《まんよう》」の民衆讃歌《みんしゅうさんか》、生命讃歌《せいめい》を蘇《よみがえ》らせながら、「桜梅桃李《おうばいとうり》」という麗《うるわ》しい人間共和《きょうわ》のビジョンを、地域《ちいき》の友、世界の友と、明《あか》るく温かく発信《はっしん》してまいりたい。

*

聖教の紙面《しめん》の光彩《こうさい》は、青年が躍動《やくどう》し、女性が輝《かがや》いていることだ。

巡《めぐ》り来る五月三日は「創価学会母《はは》の日」。

恩師《おんし》は言われた。

――民衆《みんしゅう》のために憂《うれ》い、末法万年尽未来際《まっぽうまんねんじんみらいさい》の世界を見つめ、行動《こうどう》している女性こそ、久遠《くおん》の約束《やくそく》のもと、今ここにいる創価の貴女《あなた》たちだ、と。

とりわけ、多宝《たほう》の母たちが、どんなに強《つよ》く友の幸せを祈《いの》り、郷土《きょうど》に尽《つ》くし、後継《こうけい》の若人《わこうど》を育《はぐく》んでくれてきたことか。

この方々《かたがた》こそ、「生老病死《しょうろうびょうし》」の苦をも転《てん》じて、「常楽我浄《じょうらくがじょう》」の香《か》を広げる生命《せいめい》の宝塔《ほうとう》なのである。

そして、「長寿《ちょうじゅ》にして衆生《しゅじょう》を度《ど》せん」（法華経五〇五ジペー）との法華経の経文《きょうもん》を体現《たいげん》しゆく、「地涌《じゆ》の太陽」なりと皆《みな》で最敬礼《さいけいれい》し、さらに宣揚《せんよう》していきたい。

*

大聖人の生涯《しょうがい》にわたる御化導《ごけどう》は、「立正安国論《りっしょうあんこくろん》」に始まり、立正安国論に終わる」といわれる。

この「立正安国《りっしょうあんこく》」の魂《たましい》を受け継ぎ、民衆《みんしゅう》の幸福安穏《あんのん》と、世界の平和繁栄《はんえい》のため、断固《だんこ》と正義《せいぎ》の師子吼《ししく》を放《はな》ち続《つづ》けることが我《われ》らの言論戦《げんろんせん》である。

この大道《だいどう》を、我《われ》らは、威風堂々《いふうどうどう》と進む。

「立正安国《りっしょうあんこく》」の誓願《せいがん》を胸《むね》に、今日《きょう》も、明日《あす》も、聖教新聞を希望と勇気の旗印《はたじるし》と掲《かか》げながら！

（1）マイヤーズ著『アフリカ系アメリカ人』石松久幸訳、三一書房
（2）B・R・ナンダ著『ガンディー　インド独立への道』森本達雄訳、第三文明社
（3）徳富蘆花著『不如帰』岩波書店

冬は必ず春となる

風雪越《ふうせつこ》えて我《われ》らは威風堂々《いふうどうどう》と

二〇二〇年三月十一日

〽風雪越《ふうせつこ》えし　我等《われら》こそ
地涌《じゆ》の正義《せいぎ》の　旗頭《はたがしら》
今堂々《どうどう》の　陣列《じんれつ》は
使命《しめい》の旗を　高らかに
……　……
ああ東北《とうほく》の
凱歌《がいか》の人々よ

今朝《けさ》も妻《つま》がかけてくれた東北《とうほく》の歌「青葉《あおば》の誓《ちか》い」を聴《き》きながら、愛《あい》してやまぬ、みちのくの天地《てんち》に思いを馳《は》せた。

「東日本大震災《だいしんさい》」から九年――。

東北《とうほく》をはじめ被災地《ひさいち》の宝友《ほうゆう》たちは、どれほどの苦難《くなん》と辛労《しんろう》の風雪《ふうせつ》を越《こ》えてこられたことか。

未曾有《みぞう》の大災害《だいさいがい》から歯《は》を食《く》いしばって立ち上がり、友に手を差《さ》し伸《の》べ、愛《あい》する郷土《きょうど》の蘇生《そせい》のために尽《つ》くし抜《ぬ》かれてきた「地涌《じゆ》の正義《せいぎ》の旗頭《はたがしら》」の一人《ひとり》ひとりに、私は最敬礼《さいけいれい》し合掌《がっしょう》する思いである。

それは一日また一日、何《なに》ものにも壊《こわ》されない「心の財《たから》」を積《つ》み上げてきた〝三千三百日〟なりと、必ずや御本仏《ごほんぶつ》が照覧《しょうらん》してくださっているであろう。

あらためて、全《すべ》ての犠牲者《ぎせいしゃ》の方々《かたがた》に、また震災後《しんさいご》に逝去《せいきょ》された方々に、心から追善回向《ついぜんえこう》の題目《だいもく》を捧《ささ》げたい。

亡《な》くなられたご家族、同志、友人方《がた》も皆《みな》、生死《しょうじ》を超《こ》えて、厳然《げんぜん》と妙法《みょうほう》の無量無辺《むりょうむへん》の福光《ふっこう》に包《つつ》まれていることを、私は確信《かくしん》してやまない。

＊

「青葉《あおば》の誓《ちか》い」には、「これぞ元初《がんじょ》の 太陽と」と歌われている。

私は、東北《とうほく》の友のありのままの人間味《にんげんみ》が大好きだ。そこには「元初《がんじょ》の太陽」の輝《かがや》きがある。太陽だから、気取りや体裁《ていさい》など必要《ひつよう》ない。「はたらかさず・つくろわず・もとの儘《まま》」(御書七五九ジペー)の生命《せいめい》で、明《あか》るく温かな思いやりの光《ひかり》を、皆《みな》に送っていくのだ。

殉教《じゅんきょう》の師《し》・牧口先生は戦時中《せんじちゅう》の弾圧《だんあつ》下《か》、福島県《ふくしまけん》の郡山《こおりやま》、二本松《にほんまつ》に足を運《はこ》ばれた。一人《ひとり》の青年の父母《ちちはは》への対話などのためであった。この先師《せんし》が大切にされていた御聖訓《ごせいくん》がある。後《のち》に特高警察《とっこうけいさつ》に押収《おうしゅう》された「御義口伝《おんぎくでん》」にも線《せん》が引《ひ》かれていた。

「煩悩《ぼんのう》の淤泥《おでい》の中に真如《しんにょ》の仏《ほとけ》あり我等衆生《われらしゅじょう》の事なり、今日蓮等《ら》の類《たぐ》い南無妙法蓮華経と唱《とな》え奉《たてまつ》るを当体蓮華《とうたいれんげ》の仏と云《い》うなり」(御書七四〇ジペー)

苦悩《くのう》が渦巻《うずま》く社会に飛《と》び込《こ》み、泥《どろ》まみれになって、人びとのために戦い続《つづ》けていく人こそ「当体蓮華《とうたいれんげ》の仏《ほとけ》」なのである。

わが東北《とうほく》の同志たちは底知《そこし》れぬ逆境《ぎゃっきょう》の闇夜《あんや》にも断《だん》じて屈《くっ》しなかった。時に悲嘆《ひたん》の涙《なみだ》を流し、時に運命《うんめい》の非情《ひじょう》さに憤怒《ふんぬ》しながら、題目《だいもく》を唱《とな》え抜《ぬ》き、「負《ま》げでたまっか」と励《はげ》まし合って、広宣流布《こうせんるふ》に邁進《まいしん》してきたのだ。

ここにこそ、日蓮大聖人に直結《ちょっけつ》する真実《しんじつ》の仏《ほとけ》の誉《ほま》れの実像《じつぞう》があると、創《そう》立《りつ》の父《ちち》も讃《たた》えておられるにちがいない。

大震災《だいしんさい》を乗《の》り越《こ》えてきた創価の少年少女と青年たちが、たくましく成長《せいちょう》している。頼《たの》もしいその英姿《えいし》こそ、何《なに》よりの希望である。苦悩《くのう》を突《つ》き抜《ぬ》けて、朗《ほが》らかに大輪《たいりん》を咲《さ》かせる「蓮華《れんげ》」の生命《せいめい》そのものではないか。

＊

太陽がまだ昇《のぼ》りきらぬ寒《さむ》い朝も、〝無冠《むかん》の友〟は一軒《いっけん》また一軒、聖教新聞を届《とど》けてくれている。感謝《かんしゃ》は尽《つ》きない。どうか、今日《きょう》もお元気で！ 日々絶対《ぜったい》に無事故《むじこ》で！ と申《もう》し上《あ》げたい。

今、読者《どくしゃ》の心へ、希望の声、勇気の言葉を送る言論城《げんろんじょう》・聖教の使命《しめい》は、極《きわ》めて大きい。

被災地《ひさいち》である宮城県東松島市《みやぎけんひがしまつしまし》の母《はは》も、幸福勝利のバトンをつなぐ走者《そうしゃ》として配達《はいたつ》されている。大震災《だいしんさい》の津波《つなみ》で母上《ははうえ》と次男を亡《な》くされた悲しみを胸《むね》の奥《おく》に畳《たた》み、できることは何《なん》でも喜《よろこ》んでと、励《はげ》ましに生き抜く母である。

私がかつて共に対談集《たいだんしゅう》を発刊《はっかん》したアメリカ・エマソン協会《きょうかい》元会長のサーラ・ワイダー博士も、はるばるこの尊《とうと》き母《はは》たちを訪《たず》ねられ、その「強《つよ》い心」に感銘《かんめい》し、出会いを宝《たから》とされた。博士から送られたメッセージでも、

「互《たが》いにどんな時も全力《ぜんりょく》で献身《けんしん》を」と固《かた》く約《やく》し合われたのだ。

＊

岩手県《いわてけん》の三陸《さんりく》の友からも嬉《うれ》しい便《たよ》りが届《とど》いた。

先月《せんげつ》の初め、音楽隊《おんがくたい》・しなの合唱団による「希望の絆《きずな》」コンサートが、岩手県三陸沿岸《いわてけんさんりくえんがん》の六市町村――大槌町《おおつちちょう》、山田町《やまだ》、宮古市《みやこ》、田野畑村《たのはた》、普代村《ふだい》、洋野町《ひろの》で行《おこな》われたのである。

歌声に乗《の》せて、勇気の春風を届《とど》ける若《わか》き楽雄《がくゆう》たちを、地域《ちいき》を挙《あ》げて歓迎《かんげい》してくださり、多くのご友人も来《き》て喜《よろこ》ばれたと伺《うかが》った。

「学会の皆《みな》さんの気持ちに触《ふ》れて、元気が出ました」「被災地《ひさいち》の生活は大《たい》変《へん》ですが、長生きしたいと思いました」等々《とうとう》、反響《はんきょう》が寄《よ》せられている。

わが同志が、いかに粘《ねば》り強《づよ》く地域《ちいき》に貢献《こうけん》し、友情と信頼《しんらい》の花を咲《さ》かせてきたことか。一歩また一歩と前進し、あの友この友のために、誠実《せいじつ》に心を砕《くだ》いていることか――。この人間性の輝《かがや》きこそが福光《ふっこう》の希望となり、復興《ふっこう》の底力《そこぢから》となるのだ。

＊

間《ま》もなく、ＪＲの常磐線《じょうばんせん》が九年ぶりに「全線運転再開《ぜんせんうんてんさいかい》」となる。

常磐線《じょうばんせん》といえば、福島《ふくしま》・浜通《はまどお》りの同志との出会いが懐《なつ》かしく蘇《よみがえ》る。それは、私が会長に就任《しゅうにん》した年（一九六〇年）の十一月のことである。

盛岡《もりおか》からの帰路《きろ》、湯本駅《ゆもとえき》（いわき市）に地元《じもと》の友らが駆《か》けつけてくれたのだ。たまたま発車《はっしゃ》が遅《おく》れたので、十五分ほど駅のベンチで懇談《こんだん》できた。

駅《えき》で励《はげ》ました乙女《おとめ》が今も広布《こうふ》の母《はは》として活躍《かつやく》するなど、いわきの友の勝利の近況《きんきょう》が嬉《うれ》しい。

東北《とうほく》家族が不二《ふに》の心で織《お》り成《な》してきた、無数《むすう》の「人間革命」の凱歌《がいか》に私は胸《むね》を熱《あつ》くする。

長く厳《きび》しい復興《ふっこう》への奮闘《ふんとう》の中で、体調《たいちょう》を崩《くず》した宝友《ほうゆう》もおられるが、全《すべ》ての利他《りた》の振《ふ》る舞《ま》いが尊《とうと》い「身《み》の供養《くよう》」である。「転重軽受《てんじゅうきょうじゅ》」「変毒為薬《へんどくいやく》」の大功力《だいくりき》は厳然《げんぜん》だ。「常楽我浄《じょうらくがじょう》」の軌道《きどう》を、永遠に進みゆかれることは断《だん》じて間違《まちが》いない、と確信《かくしん》する。

*

東北《とうほく》の友と異体同心《いたいどうしん》のスクラムで吹雪《ふぶき》に胸《むね》を張《は》って前進してきたのが、北海道《ほっかいどう》の友である。

この三月十一日は、北海天地《ほっかいてんち》で、創価の正義《せいぎ》を満天下《まんてんか》に示《しめ》した歴史的《れきしてき》な「小樽問答《おたるもんどう》」から満《まん》六十五年でもある。

あの「3・16」広布後継《こうふこうけい》の大儀式《だいぎしき》を間近《まぢか》にしていた時、小樽《おたる》支部の初代《しょだい》支部長として戦った友を、戸田先生が激励《げきれい》されたことがある。

「いやなこと、辛《つら》いこと、悲しいこともあるにちがいない。むしろ、人生は、その連続《れんぞく》だろう」

「だが、信心を全《まっと》うし抜いていけば、最後は必ず勝つ。いろいろなことがあっても、幸福と言い切《き》れる境涯《きょうがい》になるよ」

三代城《さんだいじょう》・北海道《ほっかいどう》と青葉《あおば》の人材城・東北《とうほく》への恩師《おんし》の思いは、あまりにも深《ふか》かった。私も師《し》と同じ心で、北国《きたぐに》の友と生き抜いてきた。

*

北国《きたぐに》の冬は長く、厳《きび》しい。だが、寒風《かんぷう》の下でも、木々は力《ちから》を蓄《たくわ》え、芽吹《めぶ》きの時を待《ま》つ。

大震災《だいしんさい》の年の九月、私は小説『新・人間革命』の「福光《ふっこう》」の章《しょう》を綴《つづ》った。

昭和五十二年（一九七七年）の三月十一日に福島《ふくしま》を訪《おとず》れ、三日間にわたって東北《とうほく》の友を励《はげ》ました歴史《れきし》である。この折《おり》、私は「創価之山桜《のやまざくら》」など〝桜《さくら》〟の揮毫《きごう》を東北の友に贈《おく》った。

東京

いかなる試練《しれん》や苦難《くなん》の冬が続《つづ》こうとも、我《われ》らは胸張《むねは》り耐《た》え抜いて、断固《だんこ》として咲《さ》き誇《ほこ》るのだ！　「法華経を信ずる人は冬のごとし冬は必ず春となる」（御書一二五三ページ）という希望の大哲理《だいてつり》を社会へ、世界へ、未来へ示《しめ》していくのだ！——との願いを込《こ》めたのである。

まさしく、不撓不屈《ふとうふくつ》の負《ま》けじ魂《だましい》で、「冬は必ず春」を実証《じっしょう》してきた同志こそ創価山の〝福光桜《ふっこうざくら》〟にほかならない。

大聖人は、こうも仰《おお》せである。

「冬と春とのさかひ《境》には必ず相違《そうい》する事あり凡夫《ぼんぷ》の仏《ほとけ》になる又《また》かくのごとし、必ず三障四魔《さんしょうしま》と申《もう》す障《さわ》いできたれば賢者《けんじゃ》はよろこび愚者《ぐしゃ》は退《しりぞ》くこれなり」（御書一〇九一ページ）

我《われ》らは、変化を恐《おそ》れまい。一人《ひとり》も残らず、勇敢《ゆうかん》な賢者《けんじゃ》として価値《かち》を創造《そうぞう》していくのである。

＊

現在《げんざい》、新型《しんがた》コロナウイルスの感染拡大《かんせんかくだい》を防《ふせ》ぐため、国内外で医療《いりょう》関係者はもとより社会全体《ぜんたい》で力《ちから》を尽《つ》くしている。昼夜《ちゅうや》を分《わ》かたぬ多くの方々《かたがた》の労《ろう》苦《く》に深謝《しんしゃ》するとともに、一日も早い終息《しゅうそく》、安穏《あんのん》な日常《にちじょう》の回復《かいふく》を、強《つよ》く深《ふか》く祈《いの》り願ってやまない。

かのトインビー博士は呼《よ》び掛《か》けられた。

――「危機《きき》の時代《じだい》」を生きる人間は、事態《じたい》をよい方向《ほうこう》へと打開《だかい》し、今を「偉業《いぎょう》の行《おこな》われた時代」に転《てん》じ、「黄金《おうごん》の時代の先駆者《せんくしゃ》」となるのだ、(1)と。

若《わか》き地涌《じゆ》の勇者《ゆうしゃ》たちが世界の友と手を携《たずさ》えて、強《つよ》く賢《かしこ》く朗《ほが》らかに「黄金《おうごん》の時代《じだい》」を開いていくことを、私は信じている。

東北《とうほく》・北海道《ほっかいどう》をはじめ全同志と繰《く》り返《かえ》し拝《はい》してきた「開目抄《かいもくしょう》」の御金言《ごきんげん》を、今再《ふたた》び、心肝《しんかん》に染《そ》めたい。

「我並《われなら》びに我《わ》が弟子《でし》・諸難《しょなん》ありとも疑《うたが》う心なくば自然《じねん》に仏界《ぶっかい》にいたるべし、天の加護《かご》なき事《こと》を疑はざれ現世《げんぜ》の安穏《あんのん》ならざる事をなげかざれ」（御書二三四ジペー）

創価の師弟《してい》は、諸難《しょなん》の連続《れんぞく》の中にあって、この仰《おお》せを「まことの時」に断《だん》じて忘《わす》れず貫《つらぬ》き通《とお》してきた。だからこそ、一人《ひとり》ひとりが「自然《じねん》に仏界《ぶっかい》」を勝ち開いてきたのだ。

そして、これからも、諸難《しょなん》を一《ひと》つまた一つ、勝ち越えながら、いやまして「仏界《ぶっかい》」という最極《さいごく》の生命《せいめい》の大連帯《だいれんたい》を、地球社会へ広げていこうではないか！

（1）トインビー著『歴史の教訓』松本重治編訳、岩波書店　引用・参照

創価の女性は希望の太陽！

朗《ほが》らかに　励《はげ》ましの連帯《スクラム》を広《ひろ》げ

二〇二〇年六月一日

我《われ》らの殉教《じゅんきょう》の師《し》・牧口常三郎《つねさぶろう》先生は、六月六日、数《かぞ》え年《どし》で百五十歳《さい》の誕《たん》生日《じょうび》を迎《むか》えられる。

四日は、世界の〝華陽《かよう》姉妹〟、女子部の記念日であり、十日は婦人部の結成《けっせい》記念日である。

この六月を「希望の絆《きずな》　女性月間」と掲《かか》げ、婦女一体《ふじょいったい》で朗《ほが》らかに前進すると伺《うかが》い、牧口先生の生誕月《せいたんづき》への何《なに》よりの祝賀《しゅくが》と、妻《つま》と共に見つめている。

牧口先生が学会草創《そうそう》の女性たちによく語られた御聖訓《ごせいくん》がある。

「天晴《てんは》れぬれば地明《ちあきら》かなり法華《ほっけ》を識《し》る者《もの》は世法《せほう》を得可《うべ》きか」（御書二五四ジペー）

先生は「太陽が昇《のぼ》った瞬間《しゅんかん》から大地はパッと明《あか》るくなる。天《てん》を晴《は》らすような信心で、生活を照《て》らしていきなさい。悩《なや》みも発条《ばね》にして！」と励《はげ》まされていたのである。

先生ご自身が若々《わかわか》しい開かれた心で、常《つね》に皆《みな》と一緒《いっしょ》に生活を彩《いろど》りながら価値創造《かちそうぞう》しておられた。

十代《だい》の乙女《おとめ》を激励《げきれい》された折《おり》には、趣味《しゅみ》を尋《たず》ね、「音楽」との答えに、「あなたの好きな音楽を、私も一緒《いっしょ》に聴《き》かせてもらおう！」と応《おう》じたという。

今、世界のいずこでも、女子部の友が、さまざまな困難《こんなん》にも負《ま》けず、「華陽《かよう》の誓《ちか》い」の歌さながらに「太陽の心で」、若《わか》き命《いのち》を輝《かがや》かせ、創意工夫《そういくふう》して励《はげ》まし合い、清々《すがすが》しく進んでいる。

その伸《の》びやかな桜梅桃李《おうばいとうり》の青春の舞《まい》こそ、先師《せんし》も願われていた、創価の希望の光《ひかり》なのだ。

*

女子部のシンボルは「すずらん」、そして婦人部は「白《しら》ゆり」である。二つの花が初夏《しょか》を飾《かざ》るように、婦女《ふじょ》の麗《うるわ》しいスクラムは、地域《ちいき》へ、社会へ、世界へ、「幸福の花束《はなたば》」を贈《おく》り広《ひろ》げていくのだ。

「白《しら》ゆりの
　香《かお》りも高き
　　集《つど》いかな
心の清《きよ》き
　友どちなれば」

一九五一年の六月十日、婦人部結成《けっせい》の会場に大輪《たいりん》の白《しら》ゆりを生《い》けてくれた陰《かげ》の心遣《こころづか》いに応《こた》え、恩師《おんし》・戸田城聖《じょうせい》先生が詠《よ》まれた歌である。

先生は皆《みな》に聞かれた。

「いずれ、日本中、折伏《しゃくぶく》に行《い》ってもらいたいが、みんな行けるかね」

その時、間髪《かんはつ》を容《い》れず「はい！　どこでも行《い》かせてもらいます」と手を挙《あ》げたのは、まだ二十代《だい》の女性であった。二人《ふたり》の幼子《おさなご》を抱《かか》え、経済苦《けいざいく》の中、必死《ひっし》でやりくりする毎日で、遠出《とおで》など思いもよらなかったが、学会精《せい》神《しん》は赤々《あかあか》と燃《も》えていたのだ。

「心こそ大切なれ」と、戸田先生は、その師弟《してい》の呼吸《こきゅう》を喜《よろこ》ばれた。それは今のヤング白《しら》ゆり世代《せだい》にも受け継がれている。

さらに韓国《かんこく》・釜山出身《プサンしゅっしん》の女性は、当時、戦乱《せんらん》に引《ひ》き裂《さ》かれていた祖国《そこく》の平和と民衆《みんしゅう》の安穏《あんのん》を祈《いの》ってやまぬ熱情《ねつじょう》を吐露《とろ》した。東洋広布《とうようこうふ》、世界広布への先駆《せんく》も婦人部であった。

思えば「ヤマユリ」は、秋に種《たね》が大地に落《お》ちた後《あと》、ふた冬を越《こ》して初めて発芽《はつが》し、花が咲《さ》くまでに、さらに三年はかかるといわれる。

けなげな婦人部の心の「白《しら》ゆり」も、厳《きび》しき冬を耐《た》え抜《ぬ》き、勝ち越え、

東京

気品《きひん》と福運《ふくうん》の大輪《たいりん》を咲《さ》き薫《かお》らせてきたのだ。

試練《しれん》の今、「末法《まっぽう》における所作《しょさ》は、忍耐《にんたい》しかない」との恩師《おんし》の指導《しどう》があらためて思い起《お》こされる。

*

信仰《しんこう》を根本《こんぽん》とした〝女性の組織《そしき》〟の始まりは、釈尊《しゃくそん》の時代《じだい》に遡《さかのぼ》る。そこには師弟《してい》の絆《きずな》があり、善《よ》き友の絆があった。女性たちは、生老病死《しょうろうびょうし》の苦悩《くのう》に向き合う一人《ひとり》ひとりに寄《よ》り添《そ》い、希望の絆を結《むす》んでいったのだ。

勝鬘経《しょうまんきょう》という大乗仏典《だいじょうぶってん》に説かれる勝鬘夫人《ふじん》が、師《し》の前で凜然《りんぜん》と誓《ちか》った言葉は胸《むね》を打《う》つ。

〝私は、孤独《こどく》や不自由に陥《おちい》っている人、病気《びょうき》や災難《さいなん》、貧困《ひんこん》に苦《くる》しむ人を見捨《みす》てません。必ずその方々《かたがた》を安穏《あんのん》にし、豊《ゆた》かにしていきます〟

まさに「一人《ひとり》も置《お》き去《ざ》りにしない」との誓《ちか》いだ。

女性として最初《さいしょ》の仏弟子《ぶつでし》となった摩訶波闍波提比丘尼《まかはじゃはだいびくに》は、釈尊《しゃくそん》の叔母《おば》にして育ての母《はは》であった。彼女には幾多《いくた》の女性の仏弟子が続《つづ》いた。「法華経勧持品《かんじほん》」では成仏《じょうぶつ》の記別《きべつ》を受け、「一切衆生喜見如来《いっさいしゅじょうきけんにょらい》」――〝誰《だれ》もが喜《よろこ》び仰《あお》ぎ見る仏《ほとけ》〟となることを約束《やくそく》された。

日蓮大聖人は、幾度《いくど》もその名を挙《あ》げ、〝この先駆者《せんくしゃ》の列《れつ》に連《つら》なっていくのです〟と、富木尼《ときあま》や乙御前《おとごぜん》の母、妙法尼《みょうほうあま》たちを励《はげ》まされた。人びとの幸福勝利の門《もん》を開きゆく使命《しめい》を教えられたのである。

佐渡《さど》の千日尼《せんにちあま》と国府尼《こうあま》の睦《むつ》まじい団結には「同心《どうしん》」と讃《たた》えておられる。また、ある女性門下《もんか》には、〝同志と常《つね》に連携《れんけい》を取り、（この手紙を）一緒《いっしょ》に読み合っていきなさい〟とも示《しめ》されている。

どこまでも妙法《みょうほう》の同志と共に生き抜くのだ。異体同心《いたいどうしん》で進むのだ！

――御本仏《ごほんぶつ》の願いが胸《むね》に迫《せま》ってくる。

いかなる苦難《くなん》に遭《あ》おうとも、創価家族の心の絆《きずな》が断《た》ち切《き》られることは絶《ぜっ》対《たい》にない。

今この瞬間《しゅんかん》も、電話《でんわ》や手紙、メールなどで、「あの人はどうしているだろうか」「この人を励《はげ》ましたい」と、やむにやまれぬ思いを届《とど》ける同志が世界中にいる。

友の辛労《しんろう》に同苦《どうく》し、無事安穏《あんのん》を祈《いの》る。周囲《しゅうい》に心を向け、相手《あいて》を気遣《きづか》う。明《あか》るく賢《かしこ》く、大《おお》らかに、声を掛《か》け合い、共に笑《わら》う——それ自体《じたい》が、社会の中の分断《ぶんだん》を埋《う》め、心と心を結《むす》び、希望の橋《はし》、信頼《しんらい》の橋を架《か》けているのだ。

＊

六月六日は、「欧州師弟《おうしゅうしてい》の日」でもある。

コロナ禍《か》が続《つづ》く過酷《かこく》な状況《じょうきょう》の中、不屈《ふくつ》の「生命尊厳《せいめいそんげん》」と「人間主義《しゅぎ》」の哲学《てつがく》を掲《かか》げて、社会に貢献《こうけん》する欧州《おうしゅう》の同志の様子《ようす》は、聖教新聞の連載《れんさい》「世界の友は今」などでも紹介《しょうかい》され、大きな感動を広げている。

この五月三日、御書の「一生成仏抄《いっしょうじょうぶつしょう》」の講義《こうぎ》が、スペインの自治州《じちしゅう》の公《こう》用語《ようご》のガリシア語、バスク語で翻訳発刊《ほんやくはっかん》された。

この出版を紹介《しょうかい》したガリシアの地元《じもと》新聞には、「『一生成仏《いっしょうじょうぶつ》』という深遠《しんえん》な哲理《てつり》は、集団的《しゅうだんてき》エンパワーメント（内発的《ないはつてき》な力《ちから》の開花《かいか》）の根源《こんげん》として一個《いちこ》人《じん》のエンパワーメントを指《さ》し示《しめ》している」と論《ろん》じ、それは「二十一世紀《せいき》の希望に満《み》ちた未来を切《き》り開く力《ちから》となるであろう」と記《しる》されていた。

記事が掲載《けいさい》された五月十七日は「ガリシア文学《ぶんがく》の日」であった。これは十九世紀《せいき》、ガリシア文芸復興《ぶんげいふっこう》の幕《まく》を開いた女性詩人《しじん》、ロサリア・デ・カストロの詩集《ししゅう》が発刊《はっかん》された日を記念するものである。

ガリシアは、スペイン北西端《ほくせいたん》に位置《いち》し、古代《こだい》のケルト文化《ぶんか》、ローマ文化につながる誇《ほこ》り高き歴史《れきし》の天地《てんち》である。彼女は愛《あい》する故郷《こきょう》を「この世《よ》で最《もっと》も美しい」[1]と詩《し》に讃《たた》え、「苦《くる》しみ」と「痛《いた》み」を、「喜《よろこ》び」と「慰《なぐさ》み」に変《か》えるために、微笑《ほほえ》みながら、歌い続《つづ》けようと呼《よ》び掛《か》けた女性であった。

今回《こんかい》、『一生成仏抄講義《いっしょうじょうぶつしょうこうぎ》』の翻訳《ほんやく》を担《にな》われたのも、ガリシア出身《しゅっしん》の聡明《そうめい》な女性リーダーである。

世界中で、尊《とうと》き広宣《こうせん》の女性が社会に根《ね》を張《は》り、生き生きと貢献《こうけん》している――ここにこそ、確《たし》かな「一生成仏《いっしょうじょうぶつ》」即《そく》「立正安国《りっしょうあんこく》」の実像《じつぞう》がある。

＊

初めての欧州歴訪《おうしゅうれきほう》の折《おり》（一九六一年）、芸術の都《みやこ》・パリの街角《まちかど》で、何枚かの絵を買《か》い求《もと》めたことがあった。

その一枚に、少し頬《ほお》を染《そ》めた初々《ういうい》しい娘《むすめ》と、そこに訪《たず》ねてきたとおぼしき青年が語らっている版画《はんが》がある。絵から伝わるのは若《わか》き生命《せいめい》の輝《かがや》きだ。

私はこの絵を、文豪《ぶんごう》ビクトル・ユゴーの名作《めいさく》『レ・ミゼラブル』に登場《とうじょう》する青年マリユスと乙女《おとめ》コゼット、そして、わが男女青年部になぞらえて眺《なが》めるのが常《つね》であった。絵の裏《うら》には「いつまでも青春であれ」と記《しる》した。

仲むつまじい家族の姿を描いた版画

色刷りの版画「若い男女」

もう一枚、居間《いま》でくつろぐ夫婦《ふうふ》と幼子《おさなご》を描《えが》いた版画《はんが》もある。清楚《せいそ》なたたずまいの母親《ははおや》は縫《ぬ》い物《もの》にいそしみ、寄《よ》り添《そ》う父親《ちちおや》には子どもたちがまつわり離《はな》れない。愛犬《あいけん》も一緒《いっしょ》だ。平凡《へいぼん》だが、母《はは》の笑《え》みを中《ちゅう》心《しん》に心豊《ゆた》かで充実《じゅうじつ》の時間が流れている。

多忙《たぼう》な学会家族の各《かく》家庭でも、母《はは》を大切に団欒《だんらん》あれ、と願いを込《こ》めて、私はこの絵を「一家和楽《いっかわらく》」と呼《よ》んでいた。

画面右《がめんみぎ》のテーブルに開かれた分

厚い本は、学《まな》びと向上《こうじょう》の意欲《いよく》を象徴《しょうちょう》しているのであろうか。

牧口先生に連《つら》なる学会の世界には、隅々《すみずみ》にまで「学《まな》び」の息吹《いぶき》が漲《みなぎ》っている。ゆえに何《なに》があっても行き詰《づ》まらないのだ。

＊

女子部が研鑽《けんさん》に励《はげ》む〝華陽会御書《かようかいごしょ》〟の一つに「一生成仏抄《いっしょうじょうぶつしょう》」がある。その中の「皆我《みなわ》が一念《いちねん》に納《おさ》めたる功徳善根《くどくぜんこん》なりと信心を取るべきなり」（御書三八三ジペー）との仰《おお》せは、求道《きゅうどう》の乙女《おとめ》たちも深《ふか》く命《いのち》に刻《きざ》んでいる。

何《なに》があろうが、信心さえ揺《ゆ》るがなければ、絶対《ぜったい》に幸せになれる！　一切《いっさい》を勝ち越えていける！

これが妙法《みょうほう》の女性の確信《かくしん》だ。だから強《つよ》い。負《ま》けない。凛《りん》として朗《ほが》らかだ。苦労があるから題目《だいもく》もあがる。智慧《ちえ》も勇気も力《ちから》も出る。皆《みな》を励《はげ》ませる。自他共《じたとも》に真《しん》の幸福を味《あじ》わうことができるのだ。

私の会長就任《しゅうにん》の年に入会した今年百歳《さい》の東北《とうほく》の慈母《じぼ》が、人生勝利の極意《ごくい》を語っておられた。

「心にダイヤモンドを持てばええ。自分が光《ひか》ればええ。そのための信心だでば」「大丈夫《だいじょうぶ》だ。信心、一生懸命《いっしょうけんめい》やるべし」と。

＊

一九六〇年の年頭《ねんとう》、私は日記に書き留《と》めた。

「世界一の婦人団体《だんたい》、文化《ぶんか》の団体、婦人解放《かいほう》の組織《そしき》、そして、主体性《しゅたいせい》ある近代《きんだい》の人間性の団体、生活向上《こうじょう》の団体、これ、創価学会婦人部の異名《いみょう》か」

まぎれもなく今、創価の母《はは》たちの団結は、この願望《がんぼう》の通《とお》り、いな信念《しんねん》の通りに、世界第一の平和と文化《ぶんか》の光彩《こうさい》を放《はな》っている。〝第三代《だいさんだい》〟の六十年は不二《ふに》の女性たちの祈《いの》りと勇気と慈愛《じあい》の行動《こうどう》で、断固《だんこ》と勝ったのだ！

大切な大切な一人《ひとり》ひとりの、いよいよの健康と幸福と長寿《ちょうじゅ》を祈《いの》りたい。

そして、「創価の太陽」のスクラムよ、どんなに時代《じだい》の苦悩《くのう》の夜が暗《くら》くとも、一《ひと》つ一つ変毒為薬《へんどくいやく》して闇《やみ》を打《う》ち払《はら》い、地球の明日《あした》を照《て》らし晴《は》らしてくれ給《たま》え！と、強盛《ごうじょう》に題目《だいもく》を送る日々である。

（1）「ガリシアの歌—抄」、桑原真夫著『ロサリア・デ・カストロという詩人』所収、沖積舎

地涌《じゆ》の智慧《ちえ》は無限《むげん》

学会には偉大《いだい》な信心がある！

二〇一八年十二月二十七日

「創価学会には信心がある！」

今も、私の心に轟《とどろ》く大師子吼《だいししく》である。

恩師《おんし》・戸田城聖《じょうせい》先生は、なぜ、学会が旭日《きょくじつ》のごとく大前進しているのか、その原動力《げんどうりょく》について叫《さけ》ばれたのである。

一九五七年（昭和三十二年）の十一月、先生の願業《がんぎょう》である七十五万世帯《せたい》の折伏《しゃくぶく》の成就《じょうじゅ》が迫《せま》った総会の席であった。

取材《しゅざい》の報道陣《ほうどうじん》も二十数社に及《およ》んだ。当時は、誤解《ごかい》や悪意《あくい》の批判《ひはん》があまりにも多く渦巻《うずま》いていた。

先生は、そうした「信なき言論《げんろん》」に対して宣言《せんげん》されたのだ。敗戦後《はいせんご》の荒廃《こうはい》し切《き》った日本社会に立って、唯々《ただただ》「信心」の力《ちから》で、不幸に喘《あえ》ぐ庶民《しょみん》を蘇生《そせい》せしめてきたのが、創価学会だ。

偉大《いだい》な信仰《しんこう》に目覚《めざ》めた、偉大な人間革命の姿《すがた》を見よ！　我《われ》らは、どこまでも信心を根本《こんぽん》に、日本そして世界の民衆《みんしゅう》を幸せにし、社会をよりよくしていくのだ、と。

以来《いらい》六十余星霜《せいそう》――。この「信心」即《そく》「人間革命」の勝利劇《げき》は、今や、地球上のあの地この地で繰《く》り広げられている。

なかんずく本年一年、いずこからも新《あら》たな地涌《じゆ》の菩薩《ぼさつ》が澎湃《ほうはい》と躍《おど》り出《で》て、広宣流布《こうせんるふ》の見事な大拡大《だいかくだい》が成《な》し遂《と》げられた。

婦人部も、壮年部も奮闘《ふんとう》した。男子部も、女子部も、男女学生部も、そして未来部も、目覚《めざ》ましく成長《せいちょう》してくれている。

世界の各地で「ここに希望の光《ひかり》がある！」と、創価の師弟《してい》へ信頼《しんらい》と賞讃《しょうさん》が寄《よ》せられる時代《じだい》だ。

戸田先生は、「断固《だんこ》として信心で勝ったな！」と会心《かいしん》の笑《え》みを浮《う》かべておられるに違いない。

*

「信心」とは何《なに》か。

その無量《むりょう》の意義《いぎ》を、私は戸田先生から教えていただき、師弟相伝《していそうでん》の宝《たから》として生命《せいめい》に刻《きざ》んできた。

御本仏《ごほんぶつ》・日蓮大聖人は、けなげな女性の門下《もんか》へ、「此《こ》の御本尊も只《ただ》信心の二字《にじ》にをさまれり」（御書一二四四ジペー）と仰《おお》せになった。

この御文《ごもん》を拝《はい》されて、先生は、地位《ちい》や権威《けんい》でも、名声《めいせい》や財産《ざいさん》でもない。「信心」のある人こそが一番、偉《えら》いのだ。まさに学会の婦人部ではないかと、声を強《つよ》められた。

信心とは、いうなれば、

「宇宙究極《きゅうきょく》の法則《ほうそく》」

「智慧《ちえ》の宝蔵《ほうぞう》」

「求道《きゅうどう》の太陽」

「賢者《けんじゃ》の正道《せいどう》」

「英知《えいち》の利剣《りけん》」

「不滅《ふめつ》の大哲学《だいてつがく》」――この大確信《だいかくしん》である。

妙法《みょうほう》への深《ふか》き信心は、「以信代慧《いしんだいえ》（信を以《も》って慧《え》に代《か》う）」の法理《ほうり》に則《のっと》り、宇宙大の智慧《ちえ》を湧《わ》き出《いだ》していく源泉《げんせん》である。

「信心のこころ全《まった》ければ平等大慧《びょうどうだいえ》の智水乾《ちすいかわ》く事《こと》なし」（御書一〇七二ページ）と示《しめ》される通《とお》りだ。

人生も、社会も、常《つね》に試練《しれん》の連続《れんぞく》だ。厚い壁《かべ》に突《つ》き当たることもある。

ネパール ― シンガポールへの機中

しかし自行化他《じぎょうけた》の題目《だいもく》を唱《とな》え抜《ぬ》いて戦うところ、必ず無尽蔵《むじんぞう》の智慧《ちえ》が滾々《こんこん》と湧《わ》いてくる。突破《とっぱ》できぬ困難《こんなん》は断《だん》じてない。

豪雨《ごうう》や台風《たいふう》、地震など自然災害《しぜんさいがい》が続《つづ》いた一年、全被災地《ぜんひさいち》の一日も早い復興《ふっこう》と、安心の生活の再建《さいけん》を、深《ふか》く祈念《きねん》せずにはいられない。

いずこの被災地《ひさいち》でも、わが創価の宝友《ほうゆう》は、どれほど賢者《けんじゃ》の英知《えいち》を発揮《はっき》して、献身《けんしん》の行動を重ねておられることか。

豪雨災害《ごううさいがい》に直面《ちょくめん》した、広島《ひろしま》のある婦人リーダーは、被災《ひさい》された方々《かたがた》に寄《よ》り添《そ》い、ともかく話をじっくり聴《き》くことを心がけてきたという。若《わか》い人たちと協力して、仮設住宅《かせつじゅうたく》での女子会や健康セミナーなどを行《おこな》い、皆《みな》が少しでも元気になればと、創意工夫《そういくふう》を凝《こ》らしている。

また、グローバル化《か》などにより、身近《みぢか》な地域《ちいき》社会も大きく変化している。外国人居住者《きょじゅうしゃ》が急増《きゅうぞう》する地域もある。その中で、わが創価家族は、多様《たよう》な一人《ひとり》ひとりと向き合い、快活《かいかつ》にして温かな心配《こころくば》りで、共に生きるスクラムを広げている。

今月は、「世界人権宣言《せかいじんけんせんげん》」が国連で採択《さいたく》されて七十年の佳節《かせつ》であった。成立《せいりつ》の大功労者《だいこうろうしゃ》である人権《じんけん》の母エレノア・ルーズベルト氏は語った。

「他人《たにん》の風俗《ふうぞく》や習慣《しゅうかん》を認《みと》めて尊重《そんちょう》すること自体《じたい》は小さなことかもしれない。だがそれがもたらす相互《そうご》の敬愛《けいあい》の実《みの》りの、何《なん》と大きく豊《ゆた》かなことか」(1)

一個の「人間」として互《たが》いに尊敬《そんけい》し合い、生命本来《せいめいほんらい》の尊厳《そんげん》を輝《かがや》かせていける慈愛《じあい》の世界を、創価の人間主義《しゅぎ》の智慧《ちえ》は創《つく》り開くのだ。

*

御聖訓《ごせいくん》には「真実一切衆生《しんじついっさいしゅじょう》・色心《しきしん》の留難《るなん》を止《とど》むる秘術《ひじゅつ》は唯《ただ》南無妙法蓮華経なり」(御書一一七〇ジペー)と仰《おお》せである。

大宇宙と生命《せいめい》の本源《ほんげん》のリズムに合致《がっち》しながら、絶対《ぜったい》の幸福と永遠の平和へ価値創造《かちそうぞう》しゆく根本《こんぽん》の方途《ほうと》が、信心なのだ。

信心とは、まさしく、

「生命の宝冠《ほうかん》」

「永遠の青春の心」

「感動の人生」

「和楽《わらく》の光源《こうげん》」

「平和の大道《だいどう》」

「人間学の王道《おうどう》」

「無上《むじょう》の幸福学」――に他《ほか》ならない。

座談会を軸《じく》に、感激《かんげき》の同志、久遠《くおん》の友と励《はげ》まし合って、織《お》り成《な》していく広布《こうふ》のドラマは、歓喜《かんき》とロマンに満《み》ちている。

今月初めにも、ヨーロッパ二十一カ国から来日した求道《きゅうどう》の若人《わこうど》が東北《とうほく》を訪《おとず》れて、「欧州《おうしゅう》と奥州《おうしゅう》」の連帯《れんたい》のエールを交《か》わし、希望の太陽が昇《のぼ》るような素晴《すば》らしき青年友好《ゆうこう》総会が開催《かいさい》された。

人材の城・東北《とうほく》六県での交流交歓会《こうりゅうこうかんかい》も、世界同時進行《どうじしんこう》の広布新時代《こうふじじだい》を開く決意が光《ひか》っていた。

「日蓮と同意《どうい》ならば地涌《じゆ》の菩薩《ぼさつ》たらんか」（御書一三六〇ジペー）と仰《おお》せのごとく、地涌の使命《しめい》に目覚《めざ》めた一人《ひとり》、また一人が、世界中で湧《わ》き出《い》ずるように誕生《たんじょう》しているのだ。

目を見張《みは》り、胸躍《むねおど》る世界広布《こうふ》の新展開《しんてんかい》である。

大聖人は「信心の血脈《けつみゃく》なくんば法華経を持《たも》つとも無益《むやく》なり」（御書一三三八ジペー）と断言《だんげん》なされた。

「広布《こうふ》の誓願《せいがん》」を貫《つらぬ》く創価の三代《さんだい》が受け継いできた「信心の血脈《けつみゃく》」は、「地涌《じゆ》の義《ぎ》」（御書一三六〇ジペー）に寸分違《すんぶんたが》うことなく一閻浮提《いちえんぶだい》に広がり、国境《こっきょう》も、民族も、言語《げんご》や文化《ぶんか》の差異《さい》さえも超《こ》えて、一人《ひとり》、また一人へと脈々《みゃくみゃく》と流れ通《かよ》っている。

共戦《きょうせん》の師弟《してい》に励《はげ》まされた一人《ひとり》が立ち上がり、目の前の一人に励ましの襷《たすき》を渡《わた》す。その一人がまた次の一人に励ましの襷をつないでいく――。この信心のリレーが、一人ひとりの人間革命の力走《りきそう》を紡《つむ》ぎ出《だ》していくのだ。

先日の「全国高校駅伝《えきでん》」（男子第六十九回全国高等学校駅伝競走《きょうそう》大会）では、大阪《おおさか》代表として初出場を果《は》たした関西《かんさい》創価高校の選手たちが、師走《しわす》の都大路《みやこおおじ》を、懸命《けんめい》に襷《たすき》をつないで駆《か》けてくれた。

本当によく頑張《がんば》った。私は妻《つま》と一緒《いっしょ》に、〝負《ま》けじ魂《だましい》ここにあり！〟との関西《かんさい》創価の英姿《えいし》に、祝福《しゅくふく》の大拍手《だいはくしゅ》を送った。

＊

〝戸田大学〟の個人授業《じゅぎょう》で先生と私は、さらに「ふかく信心をとり給《たま》へ、あへて臆病《おくびょう》にては叶《かな》うべからず候《そうろう》」（御書一一九三ジペー）の御文《ごもん》を拝《はい》し、「法華経の兵法《へいほう》」の何《なん》たるかを確認《かくにん》していった。

信心とは――

「最極《さいごく》の正義《せいぎ》」

「金剛《こんごう》の勇気」

「不壊《ふえ》の大城《だいじょう》」

「人生最善《さいぜん》の闘争《とうそう》」

「邪悪《じゃあく》への攻撃《こうげき》精神」

「将軍学《しょうぐんがく》の極意《ごくい》」

「勝利の軌道《きどう》の法則《ほうそく》」なり、と。

広宣流布《こうせんるふ》、立正安国《りっしょうあんこく》とは、いかなる戦いか。

大聖人は、この現実社会を主戦場《しゅせんじょう》として、法華経の行者《ぎょうじゃ》と魔軍《まぐん》が「とられじ・うばはん」（御書一二二四ジペー）とする大法戦《だいほうせん》であると明《あ》かされている。

御本仏《ごほんぶつ》が「一度もしりぞく心なし」（同ジペー）と戦い抜《ぬ》かれた、この広宣《こうせん》の大道《だいどう》に誇《ほこ》り高く連《つら》なっているのが、創価の勇気ある信心である。

この信心から、我《われ》らは常《つね》に出発する。信心で団結し、信心で戦うのだ。

それゆえに、学会には地涌《じゆ》の無限《むげん》の力《ちから》が満々《まんまん》と漲《みなぎ》り、広大無辺《こうだいむへん》の功徳《くどく》が現《あらわ》れ出《い》ずる。皆《みな》が仏《ほとけ》になる一生成仏《いっしょうじょうぶつ》の厳然《げんぜん》たる実証《じっしょう》が輝《かがや》き光《ひか》るのである。

*

「広宣流布大誓堂《こうせんるふだいせいどう》」の建立《こんりゅう》から五周年――。

不思議《ふしぎ》なる時を得《え》て、「人間革命」の大歓喜《だいかんき》の広がりは、この五年間で確固《かっこ》たるものとなった。

十四世紀《せいき》のイスラム世界で活躍《かつやく》し、あのトインビー博士が「偉大《いだい》な歴史家《か》」と称《たた》えたイブン・ハルドゥーンは、進展《しんてん》していく文明《ぶんめい》の姿《すがた》を描《えが》いた。

「それはまるで、新しい創造《そうぞう》、新しい生成《せいせい》が起《お》こり、新世界が生まれたかのごとくになる」(2)

今、まさに世界の激動《げきどう》の荒波《あらなみ》の水底《みなそこ》で、新しき創造《そうぞう》の大いなる潮流《ちょうりゅう》が広がっている。

すなわち、万人《ばんにん》に具《そな》わる生命《せいめい》の尊厳性《そんげんせい》を開き輝《かがや》かせる、新《あら》たな人間主義《しゅぎ》の潮流《ちょうりゅう》である。どこまでも一人《ひとり》の人間における人間革命を起点《きてん》として、漸《ぜん》進的《しんてき》に地域《ちいき》革命、社会革命へと進む、民衆《みんしゅう》革命であり平和革命である。

この広宣流布《こうせんるふ》という、人類の宿命《しゅくめい》を転換《てんかん》する壮大《そうだい》な文明的《ぶんめいてき》挑戦《ちょうせん》を、いよいよ勢《いきお》いを増《ま》して断行《だんこう》するのだ。

＊

「世界人権宣言《じんけんせんげん》」作成《さくせい》に尽力《じんりょく》されたブラジルの〝人権の獅子《しし》〟アタイデ氏は私に語られた。

二十一世紀《せいき》は「『精神の力《ちから》』がはかりしれないほどの働《はたら》きを示《しめ》す世紀になる」「信仰《しんこう》にもとづく息吹《いぶき》は、平和と秩序《ちつじょ》と正義《せいぎ》を拡大《かくだい》していきます」と。

「精神の力《ちから》」――私たちでいえば「信心」である。生命《せいめい》に具《そな》わる無限《むげん》の可能性《かのうせい》への確信《かくしん》である。

何《なに》が起《お》ころうが、私には信心がある！　わが家《や》には信心がある！　我《われ》らには偉大《いだい》な信心がある！

だから何《なに》ものも恐《おそ》れない。だから絶対《ぜったい》に乗《の》り越《こ》えられない苦難《くなん》はない。真面目《まじめ》に、誠実《せいじつ》に、勇敢《ゆうかん》に、信心をやり切って、最後は必ず勝つのだ！

この合言葉で、いよいよこれからと、「強盛《ごうじょう》の信心」で、威風《いふう》も堂々《どうどう》、進みゆこう！

（1）エリノア・ルーズベルト著『生きる姿勢について』佐藤佐智子・伊藤ゆり子訳、大和書房
（2）イブン＝ハルドゥーン著『歴史序説』1、森本公誠訳、岩波書店

池田大作（いけだ・だいさく）

1928年（昭和3年）、東京生まれ。創価学会名誉会長。創価学会インタナショナル（SGI）会長。創価大学、アメリカ創価大学、創価学園、民主音楽協会、東京富士美術館、東洋哲学研究所、戸田記念国際平和研究所などを創立。世界各国の識者と対話を重ね、平和、文化、教育運動を推進。国連平和賞のほか、モスクワ大学、グラスゴー大学、デンバー大学、北京大学など、世界の大学・学術機関の名誉博士・名誉教授、さらに桂冠詩人・世界民衆詩人の称号、世界桂冠詩人賞、世界平和詩人賞など多数受賞。

著書は『人間革命』（全12巻）、『新・人間革命』（全30巻）など小説のほか、対談集も『二十一世紀への対話』（A・トインビー）、『二十世紀の精神の教訓』（M・ゴルバチョフ）、『平和の哲学　寛容の智慧』（A・ワヒド）、『地球対談　輝く女性の世紀へ』（H・ヘンダーソン）など多数。

随筆
「人間革命」光あれ

二〇二一年十月二日　発行

著　者　池田大作
発行者　松岡　資
発行所　聖教新聞社
〒一六〇-八〇七〇　東京都新宿区信濃町七
電話　〇三-三三五三-六一一一（代表）
印刷所　光村印刷株式会社
製本所　牧製本印刷株式会社

＊

定価はカバーに表示してあります
落丁・乱丁本はお取り替えいたします

ISBN978-4-412-01685-9